悩める就活生のための仮説思考戦略

# 「とりあえず」就職する



しまだやすひろ

日本橋出版

# まえがき

この本は、就活の時期なのにやりたいことがわからない、志望先も定まらないという学生のみなさんに向け、「とりあえず」就職するためのマインドセットを戦略としてまとめたものです。

別に働きたいわけじゃないけれど、卒業したら就職するしかないし、おなじ就職するなら給料がよくて、休みがちゃんと取れ、残業は少ないほうがいい。得意なことがあるわけじゃないけれど、できればＩＴ系とかクリエイターのような、ちょっとイケてる仕事なら、アリかも…

進路希望を尋ねると、こんなふうに答える学生は珍しくありません。とは言いつつ、高収入で、ストレスフリーのおいしい仕事がザラにあるものでないことくらい、彼らもよく承知してのことなのです。

ところが、そんな仕事への覚悟もおぼつかなく、「やりたいこと」もはっきりしない学生でも、最終的にはきっちりと就職に漕ぎつけ、そこで自分なりに納得のいく仕事を見つけていくことはふつうにできるし、それはそんなに困難なことでもありません。しかも、いま、この就活の段階で確定する必要すらないのです。これがこの本の根幹をなす主張です。
納得できる仕事に就くために、仕事で「やりたいこと」や人生で「達成したいこと」を、

しかし、実際に就活がはじまり、大学のキャリア支援室などに相談にいくと、相談員から得意なことややりたいことを問われます。なにか強みはないかとも質されます。

これらは多くの学生にとって答えの見えづらい壁の高い難問です。なぜなら、これまでそんな質問なんかされたこともないし、ましてや、やりたいことや自分の強みに気づこうなど、意識して自分に向き合いながら学生生活を送ってきた記憶などこれっぽっちもないからです。

そんな学生生活にどっぷり浸かっているところに突きつけられるのが就活です。この難局に直面すると、学生の多くは企業にマッチしそうな「やりたいこと」を苦しまぎれに絞り出し、企業の求める人材像から逆算した強みを、あたかも「自分の強み」であるかのように仕立て上げようと試みます。そして、この強い自分にふさわしいエピソードをあとづけでとり繕うことになるのです。こうやって捻り出した素材をノウハウ本にならって並べ替えれば、それなりの体裁の志望動機や自己PRのストーリーも完成するわけです。でも、正直に言えば腑に落ちていない。だからいざエントリーシートを提出しようとしても、ま

た、面接の想定問答を準備してみても、なにかしっくりしない。いつまでたっても漠然とした違和感がついてまわります。

この「な〜んかちがうな〜」という違和感の正体は、エントリーシートのなかで語られる自分像と本来の自分との不一致にあるのですが、企業の求める人材像に迎合することが目的化している本人には、このことに気づく余裕すらないのです。こうして、腑に落ちない状況を解決できないまま、つぎつぎと採用選考を迎え、選考結果という現実に直面することになります。これが、就活がなかなかうまくいかないといって就職相談にやってくる学生の典型的なパターンです。

そんな学生がかかえるこの漠然とした違和感を解消し、納得できる選考結果を得る道を開くことが、この本の目的です。

この本では、こうした答えの見えづらい問いに自分なりに納得できる答えを出し、納得のいく仕事に就けるよう、試行錯誤のアプローチをとります。ただし、闇雲にあれもこれも試すというものではありません。自らいくつかの「やりたいこと」の仮説を立て、これらを効率よく検証していくという実際にビジネスでつかわれる思考方法に則って就活にアプローチしていきます。このアプローチを**仮説思考の戦略**といいます。

この仮説思考を進めていくときのキーワードが「とりあえず」です。「やりたいこと」の仮説を「とりあえず」立てることで選択肢の幅を広げ、優先度の高い順から検証していくのです。この仮説の検証に必要なのが、まず、仮説を是とした試しの行動です。そして、この試しの行動の結果、自分の内面にどのような反応や変化が起きたかを振り返ってみる。これが検証です。

このとき、自分の好ましいと思う方向や心地よいと思う方向に自分の内面が反応し、変化したなら、その振れや変化が大きいほど、その仮説はあなたにとって意味のある仮説、つまり選択すべき「やりたいこと」であると、これも「とりあえず」そう考えるのです。

ここではどんな仮説も、あくまでも自分の好ましいと思うことや、心地よいと思うことなど、自分の価値観や信念、こだわりのようなものを基準として検証し、判断します。この判断の基準となる自分の価値観や信念、こだわりのようなものを、この本では「自分らしさ」とよぶことにします。

この「自分らしさ」は、どのような人にも必ず備わっているものです。食べ物の好き嫌いの判断基準から、友達を選ぶ基準、あるいはいま没頭しているスポーツやゲームにはまった理由、特定のアーティストや異性に惹かれる理由などです。これらは人それぞれ細部に入るほどはっきりとしたちがいが表れます。それゆえ、その選択に、その人固有の人格やパーソナリティが反映されるわけです。

このように、**その人なりの行動や意思決定の判断基準、選択の理由の奥底には、その人なりの価値観や信念、こだわり、あるいはものの見方やとらえ方といったものがあり、これらの総体としてとらえた自己イメージが、その人の「自分らしさ」**なのです。

「自分らしさ」は誰にも必ず備わっているので、これまでの自分の行動や志向を意識して振り返れば、およその見当をつけることができます。たとえいま「やりたいこと」や「成し遂げたいこと」がわからなくても、「自分らしさ」なら誰もがある程度認識できるのです。

この前提に立って答えの見えない問いに答えていくなら、**仮説思考の基本戦略**はつぎの2つに集約されます。1つは**「やりたいこと」を「とりあえず」の仮説とすることで選択肢の幅を広げ、この仮説を肯定する行動を起こしてみる**というアプローチ、2つ目は**行動の結果、自分の内面にどのような反応や変化が起きたかを「自分らしさ」を軸として検証する**というブレない判断基準で検証に臨む姿勢です。

この仮説思考の基本戦略を身につければ、どのような選択肢もオープンに受け容れることができ、自分の可能性をさらに広げていけるようになります。そして「自分らしさ」を軸として、自分なりに納得した選択ができるようになるはずです。

なかには、人それぞれ神から授かった唯一無二の理想の仕事、つまり天職とよばれるものが定まっているはずだと考える人もいます。もちろん、それに巡り合うまで妥協せずに探しつづけるという考え方で就活に臨むのも1つの選択です。でも、そんな天職がすでに定まっていて、あなたを待ち受けているとしても、あなたはその天職の存在にどうやって気づくことができるのでしょうか。

もし天与の仕事が待っているとしても、これがそうだと実感できるのは、その仕事に就き、何年もかけてスキルを磨き、自分の成長のために努力しつづけた結果、自己の能力と才能が開花し、発揮されているのだと、自他ともに認めることができたときではないでしょうか。就職とはそう実感できる仕事を自らつくり出していく道の入り口に立つということです。だからこそ「とりあえず」就職することが大切なのです。

この本では、たとえ「とりあえず」であるにしても、納得して就職できるよう具体的にどのように心の準備をし、行動していけばよいのかをテーマに話を進めていきます。その手はじめとして、みなさんには、自分に向き合うという多少面倒くさいことをやっていただきますが、自分の腑落ちする「自分らしさ」に気づけるよう、ここは少し紙面を多くつかって丁寧にご案内していきます。

この「自分らしさ」さえ押さえておけば、「やりたいこと」は志望先によって柔軟に変えてよいということも提案させていただきますし、この考え方を軸にしたエントリーシートの書き方についても触れていきます。こうした思考プロセスをたどっていくうちに、内定を勝ちとるのに、必ずしも「やりたいこと」を確定させたり、特定の仕事に思い入れたりする必要はいまはないし、逆に「これがやりたいことだ」といまは強く思っていても、それは単なる仮説にすぎないのだということをご理解いただけると思います。

仕事の目標や仕事のやりがい、あるいは仕事への意欲や情熱といったものは、組織や仲間のなかで自分の役割を理解し、周りのメンバーや協力者と協調し合い、認め合いながら築きあげられ、育まれていくものです。

このように考えるなら、天職に巡り合うというのはそれほど困難なことでも、稀有なことでもないということを、容易に推察いただけるはずです。そんなあなたの天職に出合うために、「とりあえず」就職する。そこから道は開かれるのです。

目次

## 057 第３章「自分らしさ」を知ってもらうために

095

# 第4章　とりあえず「やりたいこと」を仮説にしてみる

## 131 第5章　志望動機をどうつくり出すか

# 第1章

# 「とりあえず」就職することの意味

# みんな「とりあえず」就職している

「とりあえず」就職してから考える。このように切り出すと、「やりたいこと」も決まっていないのに、そこをうやむやにしたままで就活がうまくいくのか、と疑いの声が上がります。就職をそんな中途半端な気持ちで決めてよいのかと訝る向きもあることでしょう。でも、それでよいし、そうしたほうが企業選びの選択肢はむしろ広がります。なぜなら、「とりあえず」でよいなら業界や職種にこだわることもないからです。

とくにこだわりがないなら、いろんな業界や職種で、とりあえず「やりたいこと」を、もっと気楽に考えてみてもよいことになります。その結果、とりあえずいくつかの企業にエントリーシートを出してみようという気にもなるかもしれません。気が進まない企業にはエントリーシートを出さなければよいだけです。

もちろん、自分の理想の仕事が見つかるまでは応募しないという選択もあります。でも、たとえ「とりあえず」であるにしても、とにかくエントリーシートを出さなければ、どこからも面接のお誘いがかかることは永遠にないのです。

「とりあえず」エントリーシートを出しておくと、やがてはどこかの企業から面接のお誘

# 第1章　「とりあえず」就職することの意味

いがかかるかもしれません。そのとき、その話にのるか否かはあなた次第です。やっぱり気が滅入るようなら、お断りしてもよい。

そんな思ってもいなかった面接のお誘いに、たまたま食指が動き、「とりあえず」受けてみることにもなるかもしれません。これが「とりあえず」の軽い動機だとしても、選考プロセスの俎上に載ったことは疑いようのない事実です。しかも、その他大勢の学生がその企業を本気モードで志望していたとしても、彼らに気おくれする必要もないのです。なぜなら、ほんとうのところは、みんな「とりあえず」就職しようとしているのですから。

結論から言えば、「とりあえず」就職するという考え方は、中途半端でも、あいまいでも、優柔不断でも、問題の先送りでもありません。むしろほとんどの学生が実践してきた王道の考え方なのです。実際、確固たる使命感や天啓に動かされて企業を選んだという学生はまずいないと言ってよいでしょう。**ほとんどの学生は「とりあえず」であることすら意識しないまま、「とりあえず」就職している**のです。このことは、内定を手にした彼らの志望動機を訊いてみれば明らかです。誰もが「お客様の役に立ちたい」とか「人びとの幸せに貢献したい」などと歯の浮くような台詞を臆面もなく口にし、やったこともない仕事なのに、その仕事を心から愛せる、あきらめずに頑張れると自分に言い聞かせて就職しているのですから。

もちろん商社マンになりたいとか、エアラインの客室乗務員になりたい、のように「やりたいこと」を具体的にイメージできたほうが、たしかに選択肢は絞りやすくはなります。そうであるにしても、実のところは「とりあえず」商社に入れるならA商事でもB物産でもよいし、「とりあえず」客室乗務員になれるならA空輸でもJ航空でもよい。だから併願もする。これが本音であり、ふつうなわけです。

しかも、よしんば「やりたいこと」だった仕事に就けたとしても、思っていたとおりこれが天職だとはじめから心底得心できるような経験が待っている、ということはほとんどありえないのです。なぜなら、このあとお話しするように、仕事をはじめると誰もが学生のときには経験したことのない居心地の悪い状況に立たされてしまうからです。なかには、この居心地の悪さに耐えられず、脱落したり、進路を変更したりする人もいます。しかし、そんな状況にあっても、そこに自分の活躍の場を見出し、活きいきと輝いていける人が数多くいることも、また事実です。彼らがそのように活躍できるようになれたのは、とりもなおさず「とりあえず」就職し、そこでひた向きに努力し、仕事の経験を積んでいったからなのです。

つまり、そのようにやりがいのある仕事を手にできたのは、はじめに「やりたいこと」

ありきで就職できたからではなく、「とりあえず」就職し、そこで自分の可能性をその職場で見出し、その可能性に向かって自分を鍛えていったからなのです。

だからみなさんも「やりたいこと」がわからないからといって、臆することも、自己否定することもないのです。とにかく「とりあえず」就職する。これが道を開く第一歩なのです。

## 「とりあえず」就職する2つのメリット

会社で自分はどんな立場で、どんな役割を担っているのか、いまの仕事になんの意味があるのか、などは多くの新入社員の悩みとするところです。つまり彼らには、目の前の仕事と、積極的に「やりたいこと」だと思っていたこととの間に葛藤があるのです。また、とくに「やりたいこと」がないまま入社した人でも、目の前の仕事が「やりたいこと」だとは思えないという、消極的な葛藤があります。

いずれの場合も、目の前の仕事と自分の気持ちとが折り合っていないのです。では、どうすれば自分の気持ちに折り合いをつけることができるのでしょうか。

この問いに答えるための考え方の1つとして、この本では、「やりたいこと」がわかっているつもりでもそれはあくまで仮説である、ととらえることにします。また、「やりたいこと」がわからなくても、目の前の、あるいは縁あってたまたま自分が手にした仕事を「やりたいこと」であるとすれば、という仮説としてとらえてみることにします。

つまり、自分に縁のありそうな、あるいは縁のあった**仕事はどれも、あくまでとりあえず「やりたいこと」という仮説としてとらえる。そのうえでまずはその仕事を手に入れる**のです。そして実際にその仕事をやっていくなかで、その仕事がほんとうにおもしろ味も、やりがいもないのか、じっくり検証していけばよい、とするのです。

こうした考え方で「とりあえず」就職してしまうことのメリットは2つあります。1つ目は、**「やりたいこと」の仮説を検証できる環境が手に入る**ことです。2つ目は、その環境に身を置くことで、**どんな部門や仕事なら、自分の能力を発揮して活躍できそうなのかが見えてくる**ことです。

まずは実際に仕事をやってみなければ、その仕事がどれほどおもしろいか、あるいはどれほどつまらないかを語ることすらできません。でも、「とりあえず」就職すれば、与えられた仕事が「やりたいこと」なのかどうかを、実体験をもって検証できることになります。

また、そうした環境に実際に身をおくことで、その会社のなかの、どこで、どのような人が、どれほど重要な仕事をしているのかが見えてくるものです。これは会社の外にいる学生には絶対に見えない風景です。この景色が見えてくると、自分の立場や役割、そして、自分の活躍する姿が具体的にイメージできるようになります。

もうすでに「やりたいこと」があるなら、その仮説を検証できそうな企業にとりあえず就職する。やりたいことがなくても、とりあえず「やりたいこと」の仮説を立て、とりあえず内定を勝ちとるのです。

まずは仕事を手に入れたうえで、「やりたいこと」の仮説を新たな景色のなかでじっくり検証していけばよいのです。

# 「やりたいこと」がないとダメなのか

就活がはじまると、自分を分析して自己の強みや弱みを把握しておきなさいとよく言われます。自分を十分理解しているほど、自己PRや志望動機がうまく言えるはずだとも指導されます。そのうえ自分の強みを活かしていける「やりたいこと」を、明確にするよう迫られます。実際、キャリア支援室などでもそのように学生を指導しています。

このように自己の強みや志向と仕事とのマッチングが重視される背景には、はじめからできるだけ天職と思えるような理想の仕事に就いたほうが本人にとって幸せなはずだという考え方が支配的だからだと思われます。たしかに、はじめから天職に就けるに越したことはないのでしょうが、残念ながら、そんな幸運に恵まれることは極めてまれだというのが現実です。

一方、企業のほうもほしい人材を選考する材料として、志望動機ややりたいことのほか、自分の強みを発揮した武勇伝を求めたり、困難だったことを克服したエピソードなどを聞きたがったりもします。そこには本人と仕事とのマッチングよりも、入社してからの適応力、成長力、ストレス耐性、突破力を見極めようという思惑が透けて見えます。

企業がこのような見方を重視するのは、定年までの長い就業期間を前提にした日本型の雇用慣習があるからだと思われます。企業に長くいれば異動や転勤、ジョブローテーションがいく度もあり、そこで果たす役割も移り変わっていきます。その入り口に立つ本人に「やりたいこと」を訊くのは、あくまでも入社の意欲を量るためであって、本人と仕事とのマッチングなどはそれほど重要でないことを、企業はよくわかっているのです。

そんな企業の思惑にそった人物像を演出すべく、学生は他者と差別化できるエピソードづくりに血道を上げることになります。こうして、本来学びや自己成長を目的とすべき短期留学や海外ボランティア活動が、差別化しやすいエピソードづくりの手段として人気を博しているわけです。

こうした期待される人物像づくりやエピソードづくりへの腐心と努力にもかかわらず、現実には「やりたいことがわからない」、「志望動機が書けない」という学生があとを断ちません。そして「やりたいことがわからない自分はダメな人間なのだろうか」と悩んだり、「しっかりとした志望動機がないと、面接で見抜かれるのでは」という不安に苛まれたりもしているのです。

でも考えてみれば、やりたいことがわからない、だから志望の理由も言えないのは当然のことです。なぜなら、その仕事がおもしろいか、やりがいがあるか、達成感を味わえるか、そして情熱がもてるかといったことは、実際にその仕事をやってみなければわからないことなのですから。

だからこそ、「とりあえず」就職することに意味があるのです。

## 「やりたいこと」があるとしても

たとえば、念願かなって、あなたの憧れていた航空業界に客室クルーとして採用されたとします。華麗なユニフォームを身にまとって仕事に就ける。友人や周りの人から羨望の眼差しを集め、お客様の安全を守るという責任と誇りももてる。そんなあなたは、きっと意気揚々と仕事に取り組んでいることでしょう。ところがある日、自分の仕事は、わがままなファーストクラスのお客様を相手の接客業にすぎないのではないかとふと思ってしまうような経験が待ち受けているかもしれないのです。

また、憧れの大手企業や上場企業に入社できたとしても、自分が納得し、満足できる働き方ができるかというと、その保証はどこにもありません。希望した営業職として期待に胸を膨らませ入社してみたら、新参者にはこなしきれないノルマと、鬼のようなパワー上司が待ち受けていて、悪夢のような日々を強いられるといった話はどこにでもころがっています。実際、ベテラン社員の激しいいじめにあい、メンタルが崩壊してしまったという新人からの相談もよくあることなのです。

これとは逆に、とくに希望もしていなかった職場に配属されたとしても、そこに自分の納得する仕事を見出し、自分の仕事にやりがいを感じ、活躍している人が数多くいることもまた事実です。

その例の1つとして、世界で初めて量産型エアバッグの開発に成功したホンダの小林三郎さんのケースが挙げられます。彼は「スポーツカーの設計がやりたくて入ったのに、安全研究室に配属され、1週間でもう辞めたくなっていた」と語っています。彼の心に火が着いたのは創業者の本田宗一郎氏との出合いがあったからだそうです。たまたま研究室にやってきた創業者が「君はなにをやっているのか」と訊くので、クルマの安全です、と答えたら「安全はクルマでいちばん大切。けっぱれ〜！」とポンと肩を叩かれた。その瞬間、小林さんはホンダの安全に骨を埋めようと決意したそうです。

あのゴッホも、はじめは牧師になることを望み、神学部を受験しますが、不合格。ならばと、伝道師の道を歩みはじめますが、どうも変わった人間だったところが嫌われ、伝道師の道も閉ざされます。なにもすることがなくなった彼がスケッチやデッサンをはじめたのは27歳になってからでした。

20世紀でもっとも偉大な物理学者といわれるアインシュタインも、大学教員になることを望んでいましたが夢かなわず、スイス連邦特許局の３級技師としてキャリアをスタートしています。

このように、やりたいことを決め、それを手に入れようとしても、必ずしも手に入るわけではありません。また、本懐を遂げて理想の仕事を手にしたつもりでも、ある日突然その仕事に疑問をもったりすることもあるのです。その一方で、とくにやりたいとは思わなかった仕事でも、一旦心に火が着けば、それに夢中になれることもあるわけです。

ただし、あなたが将来いつ自分の仕事への情熱を失ったり、どんなきっかけで心に火が着いたりするのかは、残念ながらまったく予測不能なのです。

それなら「やりたいこと」を決めること自体、ほとんど意味のないことのように思えるかもしれませんが、これもちがいます。

航空会社に入らなければ、客室クルーをやってみることはできないし、営業畑にどんな上司や先輩が待ち受けているかは、その企業に入り、営業部門に配属されてみないとわからない。たとえ自分の夢や希望として「やりたいこと」が明確にあるとしても、それがほんとうに追いつづける価値があるかどうかは、実際に検証してみないことにはわからないのです。

大切なのは、**「やりたいこと」を決めるのではなく、「やりたいこと」を仮説としてとらえる**というマインドセットです。「やりたいこと」を決めてしまうと、それに縛られます。しかし、「やりたいこと」が仮説なら、検証結果が出るまで、自分とよく相談する時間をもつことができます。「やりたいこと」をやり抜くことができない自分はダメな人間ではないかなどと考える必要もなくなります。やり抜くに値しないと判断したときは、別の選択を考えればよいだけです。

とは言うものの、その仕事に就けなかったら検証すらできないではないかとの反論もあるでしょう。たしかにその仕事に就けなければ、その仕事をやってみることはできません。が、その仕事に就こうとして就けなかったのなら、その仕事に就こうとした行動自体が検証だったと見なせるのではないでしょうか。そして、検証の結果、仮説は棄却されたのです。問題は、この結果をあなたがどう受けとめるかです。

もし、この検証結果に納得できないという気持ちが残るなら、それは、この結論が自分の下したものではなく、他人が下したものだからにほかなりません。自分の気持ちはそちらに動いたのに、相手が拒絶したのだと思ってしまうからなのです。

この現実を受け容れるには、**仕事はあなたを選り好みしないけど、企業はあなたを選り好みできる**ことを理解しなければなりません。この選り好みにもいろいろな視点があって、能力や成長の可能性のほか、社風との相性など様ざまです。ほかにも第7章であつかう「バイアス」という聞き手の不合理な選好の犠牲になってしまう場合もあります。いずれにしても、なんらかの点であなたは選ばれなかった。ここに合点がいかないわけです。

この納得できない結果を相手のせいにしてしまうのは簡単です。それで先に進めるならよいのですが、相手のせいにしたまま先に進めなくなると、これは厄介です。

「とりあえず」就職しようとするなら、ここは選択肢が変わったと気持ちを切り替えるのがベストです。この状況の変化を客観的にとらえ、選ばれなかった理由を振り返ることです。そしてつぎに選ばれるチャンスをつくるには、なにをもっとうまくやればよいかを考えるのです。

このとき、「やりたいこと」の仮説を変えずに、そのまま別の企業のエントリーに進むこともできますが、「やりたいこと」の仮説そのものを疑ってみることも大切です。別の可能性が浮上すれば、選択肢はより広がります。つぎに選ばれる可能性を高めるには、ほかにどんなことを「やりたいこと」の仮説とすればよいかを考えるのです。1つの仮説にこだわることなく、つねにオープンマインドで選択肢を広げていくほうが、とりあえず就職できる可能性は高まるはずですから。

## 思考停止から脱出する

「やりたいこと」がわからないという思考停止に陥っている人には、2つのタイプがあります。1つは「やりたいこと」の選択肢が多すぎて絞り込めないというタイプ。もう1つは「やりたいこと」が思い浮かばず、どれも選択したいとは思わないというタイプです。

人は選択肢が多すぎると選べなくなるし、興味のないことは考えたくないというわけです。

それでもなんらかの仕事をイメージして、「とりあえず」どこかの企業に応募しなければ就活は進みません。「やりたいこと」がないとダメではありませんが、就活を進めていくには、「こんな仕事なら」という仕事のイメージ、つまり検証すべき「やりたいこと」の仮説がどうしても必要なのです。そのためには、多すぎる選択肢をいくつかに絞り込むか、選択肢のない状態から選択肢をいくつかつくり出すしかありません。その具体的な進め方については、あらためて第4章でお話しします。

いずれにしても、まずは「やりたいこと」の仮説を立てるという行動に移すことが、思考停止状態から抜け出す第一歩になります。ここからはじめ、「とりあえず」就職さえしてしまえば、いずれどこかの部門に配属され、必然的に仕事に向き合うという体験が生まれます。たとえそれがやりたい仕事ではなかったとしても、その場に身を置けたなら、ほんとうにやる価値がないのかを実際に検証してみればよいのです。希望どおりの配属でないからといって頭から否定するのではなく、「とりあえず」これが「やりたいこと」だとしたら、という仮説にすれば、これを検証の対象にすることができます。すると、検証すべき選択肢が1つ増えた、ということになるのです。

問題は「とりあえず」就職してみて、その仕事の実態が「やりたいこと」の仮説と乖離していたとき、つまり検証の結果、自分の思っていたような仕事でなかったときにどう対処するかです。そのとき、そこで耐えつづけるという選択もありますし、ホンダの小林三郎さんのように、その仕事になんらかの意味合いを見出したり、仕事の結果が変わるよう自分の行動を変えていったりするという選択もあります。

あるいは別の仕事を発見し、試してみる、という選択もあるでしょう。このとき、別の仕事の選択肢は、就職した会社のなかのほうが見つかりやすいし、決断もしやすいといえます。なぜなら、社内なら、どこで、どのような人が重要な仕事をしているのかが見通せるという、「とりあえず」就職する2つ目のメリットを活かせるからです。そして、他社への転職が視野に入るほどの人なら、それらの仕事のうちどれなら熱意をもって取り組めそうなのかを、自分で判断できるはずだからです。

こう考えると、目の前の仕事と「やりたいこと」の仮説が乖離していたときは、ほかにも仕事の選択肢がありそうな会社にいたほうが有利だということになります。つまり、「やりたいこと」がわからないという人ほど、キャリアの選択肢の多そうな、懐の深い会社を選んで就職するほうが好ましいわけです。

では、懐の深い会社とはどんな会社なのでしょうか。ここでは、従業員の人生設計に向き合い、従業員のキャリア形成を積極的に支援してくれる会社をそうよぶことにします。各企業のキャリア形成に関連する情報は、企業ホムページの採用情報や会社説明会、OB・

OG訪問などからある程度集めることができます。あるいは、選考面接の場面で、自分の考えるキャリアパスの可能性について逆質問してみるのもよいでしょう。企業でのキャリア形成支援とはどのようなものかを具体的に知りたいなら、たとえば厚生労働省が公開している「グッドキャリア企業アワード」好事例集などが参考になります＊。ここに紹介されている企業は従業員10人程度の有限会社から大手まで様ざまです。懐の深さは会社の規模とは無関係なのです。

「やりたいこと」の仮説を検証した結果、いずれかを選択するにしても、**自分の選択に納得できるかどうかは、どの選択がもっとも「自分らしい」選択かを自分で判断できるかどうかにかかっています。**できるだけ悔いの残らないよう、自分で決めなければなりません。そのためには**なにが「自分らしい」のかを、よく理解しておく**必要があります。このあとの2つの章はそのために用意しました。

「自分らしい」とはどういうことかを理解しておけば、悔いのない選択ができる可能性が高まります。それでも、やはり失敗だったと思うこともあるでしょう。そのときは、その失敗からなにかを学び、つぎのチャンスをつくり出す新たな仮説を立てればよいのです。

＊厚生労働省「グッドキャリア企業アワード」好事例集:https://www.mhlw.go.jp/stf/seisakunitsuite/bunya/c_award_jirei.html

# 第2章

# 「自分らしい」は心地よいが…

# 就職は心地よさとの決別からはじまる

ふつう仕事に就くと、あなたの職場には必ず上司という指揮・命令役、あるいは管理・監督者がいて、様ざまな指示や命令があなたに下されてきます。あなたには、これらの指示や命令を遂行し、結果を出して組織や社会に貢献する責務が与えられます。この責務を果たしていくことで、あなたはビジネスパーソンとして認められるようになるわけです。

その一方で、こうした指示や命令の多くはあなたの価値観や信念、こだわり、あるいはものの見方やとらえ方、つまり「自分らしさ」と相容れることはほとんどありません。このため、職場で自分の置かれている状況といつもの「自分らしさ」を保っている状況、職務として取らざるをえない行動といつもの「自分らしさ」から自然に湧き出る行動とに折り合いがつかず、たちまち居心地が悪くなってしまうのです。

たとえば、自分はなに1つミスを犯していなくても、会社としてお客様に迷惑をかけたり、不快な思いをさせたりしてしまったなら、あなたが前面に出て謝らなければならない立場に立たされることもあるでしょう。自分は反対している方針でも、会議で決まったことにはしたがわねばなりません。自分ではそれほど魅力を感じていない商品だとしても、

# 第2章 「自分らしい」は心地よいが…

営業ノルマをこなすために、セールストークをやらざるをえないこともあるでしょう。

こうした経験はおそらくあなたの「自分らしさ」と重なることはほとんどないはずです。かといって、居心地の悪い状況を即座に解決できるだけの力量や裁量も、まだ十分ではないはずです。したがって、ここは時間をかけてしだいに状況を変えていく努力をするか、異動や転職といった新天地を求める行動を起こすくらいしか選択肢がないことになります。

このように、**就職すると、誰もが居心地のよさからある期間は決別しなければならなくなる**のです。これは、はじめて仕事に就いた人誰もが一度は経験するビジネスパーソンへの脱皮にともなう苦しみであり、不可避なプロセスなのだと覚悟しなければならないのです。

あなたがもし、どうしてもそんな覚悟はできないと言うなら、そして、心地よさを最優先に仕事をしたいと思うなら、少なくともあなたに指示・命令を下す人がいない仕事を選ぶしか道はないと思います。たとえば個人事業主、つまり商店主や農業、漁業などに従事するジモティか、フリーランス、あるいはスタートアップ起業家を目指す、などです。そう希望するなら、就活はとっとと放り出し、すぐにも自立への道の準備をはじめるべきです。

## 心地よさを取り戻す力

「自分らしさ」に一致しない経験をすると、人は言いようのない居心地の悪さを感じるものです。はじめて仕事に就いたときの経験が、まさにこれです。この居心地の悪さに対処する方法にはいくつかのパターンがあります。その対処のちがいによって、それぞれどのようなシナリオが可能か考えてみましょう。

〈シナリオ1〉もっとも安直な選択は、さっさと転職し、否定的な経験を過去のものにしてしまうことです。でもこうしてしまうと、否定的な経験をする度に転職をくり返すことを余儀なくされます。

〈シナリオ2〉その一方で、否定的な経験を正面から受け容れないまま仕事をつづける人もいます。その結果、その経験を仕事や上司のせいにし、周囲に不満を漏らしたり、会社の方針に批判的になっていったりします。当然やりがいや自己の成長を感じることもできません。仕事で活躍もできないので結果も出せず、出世できないことを上司や会社のせいにしながら、つまらないと自分ではわかっていても、その状態を何年もつづけている人をときどき見かけます。

〈シナリオ3〉こうした人びととは逆に、「自分らしさ」とは一致しない否定的な経験を「自分らしさ」に重なるよう自分なりに意味づけをすることで、これを受け容れていく人もいます。先の例のように社命でお客様に謝罪にいかねばならないときに、その経験が自己の成長に役立つのだと意味づけする。あるいは、社命を受けたからには責任をもって完遂することは組織へ貢献する意味があると信じる、などです。このように**意味づけができる人は、否定的な経験であっても仕事に前向きに取り組もうと努力する**ことができます。

〈シナリオ4〉しかし、自分なりに意味づけすることができないまま否定的な経験を受け容れてしまうと、「自分らしさ」を歪曲するしかなくなります。つまり、この経験は自分らしくないけど「これも給料の一部と思えばし方ない」と思う自分も「自分らしさ」の一部だ、ということにしてしまう場合です。こういう人は、やらされ感満載で仕事をつづけていくことになります。

このようにおなじ否定的な経験を受け容れるにしても、意味づけができるかできないかによって、仕事への姿勢が大きくちがってくるのです。

〈シナリオ5〉さらに、いまは否定的な経験しかできない環境であっても、やがては**経験することが「自分らしさ」に一致していくよう、自分の仕事のやり方や、仕事のしくみを変えていこうとする**人もいます。こういう人は、否定的な経験を拒絶したり、丸飲みしたりするのではなく、周囲に働きかけ、自分の仕事への考えや仕事の姿勢への賛同者を募っていく努力をします。先の例でいえば、二度とお客様からの苦情が出ることがないよう、仕事のやり方やしくみ、組織全体の意識を変えていく行動をとろうとする人です。このような行動特性を世の中では「リーダーシップ」とよんでいます。このようにリーダーシップを発揮して仕事に取り組んでいけば、やがては仕事で経験していくことの多くが「自分らしさ」と一致するようになっていくはずです。

〈シナリオ6〉ほかにも、社内に**ほかの仕事の選択肢があるなら、その仕事に転身を図る**手もあります。ここで転身を成功させるポイントは、社内であれ、社外であれ、それが自分の「やりたいこと」ではないかという直感を見逃さないことです。そして、そんな仮説は社内にいる者のほうが圧倒的に気づきやすいのです。この機に備え、「やりたいこと」の仮説に巡り合えたと気づけるよう、心の目をつねに開いておくことが重要です。

これらのシナリオを振り返ると、**自分らしく働いていける人は、仕事でたとえ受け容れがたい経験をしても、それを自分なりに意味づけして受容していけるか、そういう経験を回避できるよう積極的に行動し、仕事そのものを変革したり、より自分らしく働ける別の仕事を発見したりできる人**ということになります。

つまり、ジモティでもフリーランスでもなく、企業で「自分らしく」働いていくなら、否定的な経験を意味づけによって受容するか、待ち受ける経験を行動によって変革していく力、あるいは別の選択肢を発見できる力が必要であることがわかります。これらの力は、**「自分らしさ」を取り戻し、貫いていくうえで欠かせない力**だといえます。

企業がエントリーシートや選考面接で「あなたが学生生活で打ち込んできたこと」や「力を入れてきたこと」（いわゆる、ガクチカ）を問うのは、あなたに意味づけや変革の力、別の選択肢を発見する力がどれだけあるかを、あなたの経験から読み取りたいからなのです。

## 「自分らしさ」とは一貫している自分

就活においても、「自分らしさ」をしっかりと認識しておくと、自分が対処すべき選択への納得感をさらに深めることができます。なぜなら、その選択が自分にとって心地よいかどうかを、「自分らしさ」を拠り所に判断できるようになるからです。そこでここからは、この「自分らしさ」とはなにかについて、少し踏み込んで考えてみたいと思います。

カウンセリングの分野では、その人なりの価値観や信念、こだわり、あるいはものの見方やとらえ方といったものの総体としてとらえた自己イメージを**「自己概念」**とか**「パーソナル・アイデンティティ」**などとよんでいます。この自己概念は、自分の価値観や欲求にもとづく思考の癖や、それを反映した行動パターンからとらえることができます。たとえば「自分って、こうなんだ」、「自分って、つい～してしまう」、「自分は、～を大事に思っている」など、意思決定をしたり、なにかに反応したりするとき、たとえば誰かにものを頼まれたときに、どうしても考えてしまう、いつもやってしまう自分を、心の動く方向でとらえたときに浮かぶ、一貫した自己イメージが「自分らしさ」です。

# 第2章 「自分らしい」は心地よいが…

あなたがなにかを選択するとき、まず考えるのは自分がほっしていることや、自分が喜ぶことでしょうか？　それとも、自分だけでなく、周りの人びとにとっても最善のことを考えるでしょうか？　こんな問いかけが一貫した「自分らしさ」をあぶり出すヒントになります。

ここで、私の場合を例にして「自分らしさ」がどのように個人のなかに潜んでいるかを、説明してみます。

私は「電車を利用するときはマナーを守る人だ」という自分らしい側面をもっています。これは誰かが駆け込み乗車をしたとき、扉をプシュプシュと数回開閉させてしまい、おまけに「駆け込み乗車は大変危険です…」と追い打ちをかけるような車内アナウンスが流れたときに、私も周囲の人も、その駆け込んだ人にいやな視線を向けている、というような経験がいく度かあることから来ているのだと思っています。だからこそ、赤の他人からであっても、いやなやつだと思われたくない自分がいる。その奥にはおそらく、恥ずかしい人間だと思われたくない自分がいて、さらにその奥には、私の「自尊心」とか「誇り」といったキーワードで表してもよい価値観が貫かれているのだと考えています。

つまり、「自尊心」や「誇り」といった私の価値観が核になって、他人からいやなやつだと思われたくない自分がいる。だから電車を利用するときはマナーを守る。それが自分なのだと。

一方で、私には「自分の想像を超える自分に出合う」ことに喜びを覚えるという側面もあり、私の奥には、おそらく「達成」や「成長」、あるいは「克服」といったキーワードで表してよい価値観が核として貫かれているのだと考えられます。そのきっかけとなった高校時代の「おなじランクの連中から1つ階層を抜け出すと、どんな眺めが待っているのだろう」という思いは、純粋に「好奇心」であったと思いますし、この好奇心が「挑戦」の意欲を支えてくれたのかもしれません。また、定年退職後も価値を認められるビジネスパーソンでいたいと思っている私も、たぶん「誇り」というキーワードにつながっているように思います。

これらのキーワードにつながる価値観をもつ私の自己のイメージ、つまり「自分らしさ」は、これまでの私自身の経験を通じて知らずしらずのうちに私の一貫した「自分らしさ」として培われてきたものだと考えています。

このようにあなたにも、意識しようがすまいが、あなたの価値観を核に一貫している「自分らしさ」がすでに結晶化している部分があるはずです。そして**誰しもが、意識する、しないにかかわらず「自分らしさ」にそった行動をとる**傾向があります。なぜなら、**そうす**

**ることが自分にとって心地よい**からです。

## 自己一致は心地よい

そこでもう一度、電車でマナーを守る私を例に、**図1**を見ながら「自分らしさ」と心地よさの関係を考えてみましょう。

電車でマナーを守る私は、いつも整列乗車を心がけています。降りる人が全員降りてから順番に乗車する。じつに心地よい。この状態は**図1**の「自分らしさ」の円と「自分の経験」の円が重なった状態です。この重なった状態が「自己一致」している状態です。

＊「キャリアコンサルタント養成講座テキスト2」日本マンパワー（2017）、p.24を参考に作成

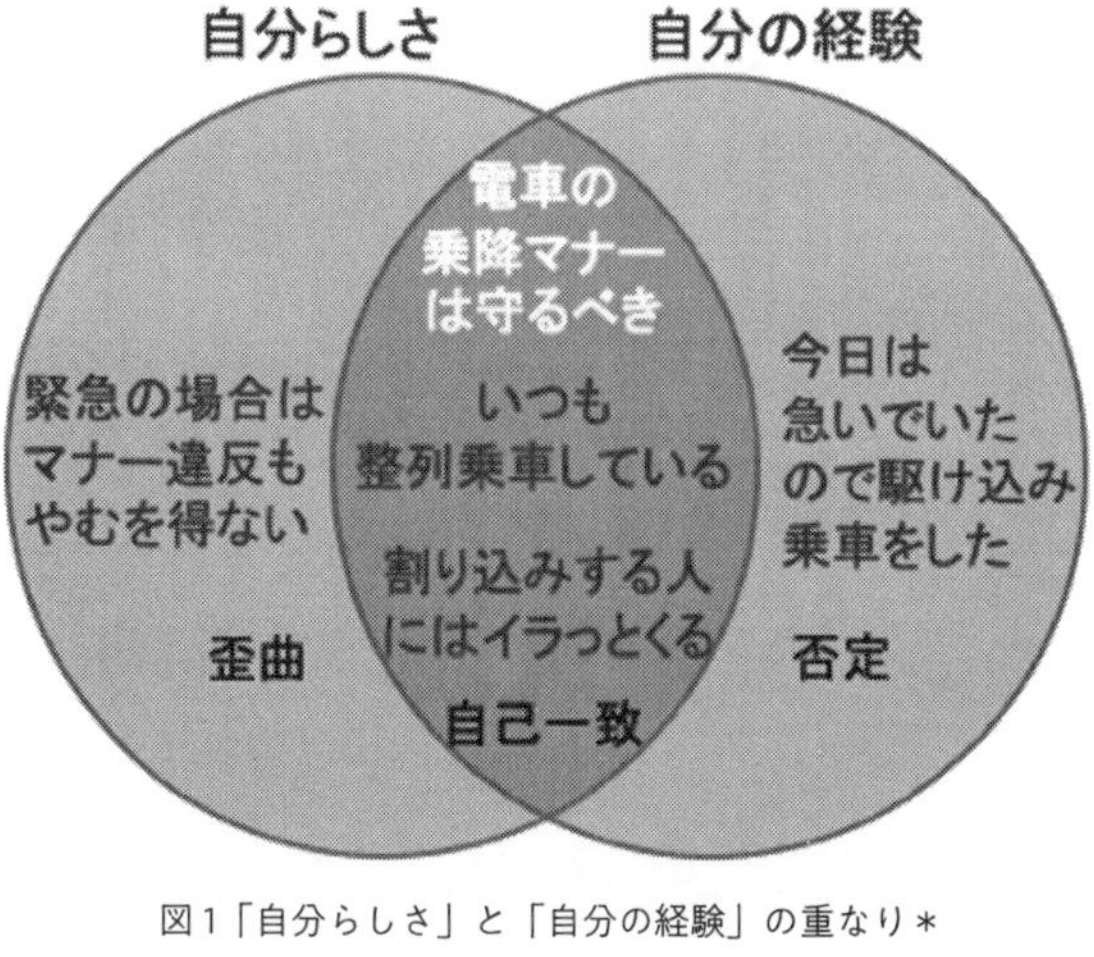
自分らしさ
自分の経験
電車の乗降マナーは守るべき
緊急の場合はマナー違反もやむを得ない
いつも整列乗車している
今日は急いでいたので駆け込み乗車をした
割り込みする人にはイラっとくる
歪曲
否定
自己一致

図1「自分らしさ」と「自分の経験」の重なり＊

ここで誰かが降りる人の間をすり抜けて無理やり乗車したら、私はどうでしょう。きっとイラッとする（声は荒げないまでも）。

ところが、ある日の私は急いでいて、ついつい駆け込み乗車をしてしまったとしましょう。扉が閉まったあとに感じる周囲からの軽蔑の視線。これは「自分らしさ」に反する経験です。この経験を**否定**したいが、でもやってしまったことは取り消しようがない。これは居心地悪い。そこで私は無意識のうちに「緊急の場合はマナー違反もやむをえないのだ」と自分に言い聞かせます。こうしてマナーを守る「自分らしさ」のうち、経験と一致しない部分（**図1**の左側の部分）を少し**歪曲**して解釈することで、居心地のよさを取り戻そうとする自分も、またいるわけです。

このように、誰もが「自分らしさ」と経験が一致する行動をとりたがるし、そのイメージに反した行動をとってしまったときは、これを正当化できるよう「自分らしさ」の一部を歪曲することで、居心地のよさを保とうとするのです。

心と行動がこのように相互に作用するのは、「自分らしさ」の円と「自分の経験」の円の重なりを大きくしようとするからであり、その重なりが大きいほど、人は心地よいのです。

しかし社会に出ると「自分の経験」の大半が仕事での経験で占められるようになります。この「仕事での経験」と「自分らしさ」との重なりがほとんどないとしたら、どうでしょう。その職場や会社での居心地の悪さがどれほどのものかは想像に難くありません。悪くすれば長年育んできた自分自身の「自分らしさ」まで歪曲され、蝕まれていく可能性もあります。

もちろん仕事にはある程度の緊張感や厳しさ、あるいは責任はつきものです。が、自分にとって居心地の悪い場所で長く仕事をつづけていくのは不可能に近いといっていいでしょう。だからこそ仕事に就くまえに、「自分らしさ」をできるだけはっきりと意識しておくことがとても重要なのです。

## 仕事は「自分らしさ」の一部

仕事で「やりがい」を感じるなんてまやかしだと言う人もいます。経済的に困らないのであれば、仕事はやらないに越したことはないというわけです。たしかに働かなくても生活に困らないなら、仕事をして対価を得る必要はありません。だからといって、おカネを稼ぐこと以上の価値が、仕事にはほんとうにないのでしょうか。

ある調査によると、食べ物になんの不安もない動物園の動物の寿命は、野生の動物のそれの半分にも満たないとされています*。たとえば野生の肉食獣なら、生きていくために狩りという仕事をしなければなりません。ところが、狩りをしなくても安全に生きていける動物園の動物のほうが早死にしてしまうのです。人間の場合も、会社の経営という重責を担っている社長よりも、単純作業の職業に就いている人のほうが心臓病で死亡するリスクが3倍も高いそうです。これらの事実は、いったいなにを示唆しているのでしょうか。

野生の肉食獣は、狩りという仕事をすれば獲物という対価が期待できます。しかし、狩りをしたからといって必ず対価が手に入るわけでもありません。そこで肉食獣は草むらに身を隠して待ち伏せしたり、群になって仲間と連携作業をしたりと、様ざまな創意工夫をし、狩りの成功率を高める努力をしています。目の前の獲物にいまにも飛びかかりたい欲望を抑え、じっと身を潜めたり、自分よりも集団の行動を優先したりもする。このように、狩りにストレスはつきものなのです。

その一方で、狩りという仕事を取り上げられ、自らの能力や本能を発揮できないことからくるストレスも考えられます。インパラを追って疾走するチーターは、インパラ以外のものには目もくれません。しかし、檻のなかにいるチーターは、そんな夢中になれる瞬間に、生涯巡り合うことはないのです。動物にとっては、本能にしたがう行動を取り上げられたほうが耐えられないものなのかもしれません。私はここに「仕事のやりがい」のヒントがあるように思うのです。

たとえおカネのため、生きるためであったとしても、自分の能力と才能を発揮し、全身全霊を打ち込んでいるうちに、気がつけば夢中になっていた。仕事を長くつづけていれば、そんな経験の1つや2つに遭遇することは必ずあるものです。その瞬間、あなたは何物にも代えがたい満足感や充実感につつまれているのではないでしょうか。私はこれが「やりがい」の正体ではないかと思うのです。つまり、チーターにとって価値があるのはインパラという獲物ではなく、インパラを追って疾走している自分ではないか。だから、インパラを追わなくなったチーターは、もはやチーターではないのです。

このように考えると仕事をすること自体が自分という人格、すなわち「自分らしさ」、の一部になっているといってよいように思えるのです。だからこそ、仕事には金銭を得る手段以上の、おカネには代えられない価値があるのだと思うのです。

＊シーナ・アイエンガー「選択の科学」櫻井祐子訳、文春文庫（2014）p.38

# 会社をスポンサーにする

私が企業で研究開発に従事していたころに知り合った研究仲間の1人で、ある企業の研究部長だった方の言葉が、いまもとても印象に残っています。

その方はもちろん研究が大好きで、好奇心旺盛。どんなことにも首を突っ込んできておもしろそうならすぐにやりたがる。彼は「まだまだやりたい研究が山ほどある。それにはカネがいる。僕がいまいちばん力を入れているのは、定年になるまでにどれだけ会社からカネを引き出すかなんだよ」と夢見るように語っていました。頭のなかはその研究構想でいっぱいのようで、とても活きいきしているように感じたのを覚えています。

彼は会社のためにというより、自分のやりたいことをやるために、会社を利用しようとしていたようにも見受けられます。でもこれは企業にとっても世の中にとってもむしろ歓迎されるべきことだと思っています。

彼の申し立てに対し、会社はその成功を託して資金を提供するか否かを判断します。仮に資金を提供した結果100に1つでも大発明が生まれれば、それは会社にとってビッグリターンになります。アマゾンの創業者であるジェフ・ベゾス氏も「もし10％の確率で

# 第2章 「自分らしい」は心地よいが…

100倍の見返りがあるなら、10回のうち9回が外れるとしてもその博打に賭けてみるべきだ」と言っています。

挑戦者の語ることがどれほどの大風呂敷であろうと、そこに一縷の望みがあり、夢やビジョンがあるなら、そして彼の思いが会社のミッションに重なるなら、そこに賭けてみようという判断があって当然なのです。かの部長は自分の会社が挑戦と失敗を許容する懐の深い会社であってほしいと願っていたのではないでしょうか。

最近、これと似た話をNHKのサラメシという番組で見かけました。日本を代表するアスリートらを栄養面で支えるビクトリープロジェクト。味の素でそのシニアマネージャーを務める栗原秀文さんの話です。

栗原さんは大学時代にプロを目指して野球に打ち込んでいたそうです。しかしその夢かなわずビジネスパーソンに。その1年目。不満はないものの、会社生活はつまらない日々だったそうです。この方も「やりたいこと」がわからないまま就職した人の1人だったのでしょう。そんなとき、友人の姉の婚約者がかっこいいという話を聞きます。その婚約者が言うには、「会社は自分の夢や目標を達成することに「使う」くらいの気持ちで仕事していい」んだとか。この話を聞いてなにかに目覚めた栗原さんは、栄養学を真剣に学び、

「アスリートの栄養サポート」という新境地を開拓していきます。いまではこのビクトリープロジェクトが会社の重要事業の1つに位置づけられるまでになっているそうです。

この栗原さんの話は「つまらない日々」という経験を、自ら積極的に行動することで、夢中になれる日々という経験に変革していった好事例の1つといえるでしょう。

ビジネスパーソンになると、会社から給料をもらい、個人はこれを自分の裁量と責任で自由につかうことができるようになります。このおカネでおいしいものを食べ、趣味やスポーツやレジャーに興じたり、将来に備えて貯蓄をしたりすることもできます。自分が稼いだおカネの範囲内という制約はあっても、自分で納得できれば、生涯にわたって十分充実した幸せなプライベートライフを送ることもできるでしょう。

では、ビジネスライフのほうはどうでしょう。

たとえば先の〈シナリオ4〉のように、仕事は収入を得るための手段だと割り切り、ひたすら仕事の苦痛に耐えるという生き方を選ぶこともできます。でも、長い人生で仕事に捧げる時間は膨大です。その時間を、動物園の檻のなかのチーターのように、ただひたすら耐える時間として過ごすことに納得できるかどうかは、個人の判断です。

# 第2章 「自分らしい」は心地よいが…

その一方で、ビジネスライフでもプライベートライフのようにおカネを自由につかって仕事ができる場合があることをご存知でしょうか。たとえば自分のやりたいことに数億円単位のおカネをポンと会社が出してくれるような話です。数億円といえば、ふつうの勤め人の生涯収入に匹敵します。レジャーや趣味でつかえるポケットマネーとは桁がちがいます。そんな大金を自由につかってよいと言われたら。

もちろん期待成果に対する責任という重圧には耐えなければなりません。でも、**仕事でやりたいことがあり、それをやるための資金を会社が気前よく出してくれる。しかも失敗しても問われないとしたら、こんなおもしろいことはない**のではないでしょうか。いや、失敗してもよいと言われるからこそ失敗できないし、したくない。そんなチェレンジングでスリリングなゲームに仕事で挑むことができるのです。

しかも、スポンサーになってくれるのは自分の会社ばかりではありません。国の戦略的プロジェクトに参画できれば、これも数億円単位で資金を拠出してくれます。また、自分のアイデアに興味をもった企業に出資してもらうという手もあります。

いずれにしても、自分のポケットマネーではなく、**他人のおカネで自分のやりたいことに挑戦できる**可能性があるわけです。それには責任がともない､重圧も感じるでしょうが、自分の能力を最大限発揮して熱中できるだけでもプライベートライフでは経験できない充実感が味わえます。さらにそれをやり遂げたときの達成感は、生涯忘れられないものになることでしょう。そしてそれが成功したにせよ、失敗に終わったにせよ、あなたは必ずなにかを学び、ひと回り大きく成長しているはずです。

そのような仕事を任せてもらうには、時間をかけて腕を磨く努力をするのはもちろん、周囲に認められ、信頼を得ていかねばなりません。会社はそういう人材が頭角を現してくるのを、いつも待っています。そしてこの人と判断したときにはポンとおカネを出してくれるのです。経営側がリスクの高い事業やプロジェクトにおカネを張るかどうかの最後の決め手は、そのコンセプトや計画の素晴らしさよりも、それをやりたいという人物への信頼と、その人の熱意や温度なのです。

会社や国をスポンサーにして「やりたいこと」がやれる。私も一企業の研究者としての経験から、これがビジネスライフの醍醐味の1つであることは断言できます。これだけのおカネをつかってもよい、と任された仕事に「自分らしく」挑戦できるなら、これ以上のやりがい、心地よさはないじゃありませんか。

さて、ここまで、天職への道の入り口に立つために、とりあえず就職することの意味合いをお話ししてきました。それは**「やりたいこと」の仮説を検証できる環境に身を置き、**

# 第2章 「自分らしい」は心地よいが…

**居心地の悪い経験に「自分らしく」対処していくことで、道を開いていく**ためでした。

では、どうすれば「やりたいこと」もわからないのにそういう環境に身を置くことができるのか、つまり「とりあえず」就職できるのか、その具体的なアプローチについてお話ししていきたいと思います。

# 第3章

# 「自分らしさ」を知ってもらうために

# 「自分らしさ」を知る意味

これまでお話ししたように、「自分らしさ」は「やりたいこと」の仮説を検証するときの拠り所になるものです。そして前章では、この「自分らしさ」とはどういうものかを、具体的に説明してみました。

この章では、いよいよあなた自身の「自分らしさ」を明らかにしていくことにします。

あなたはご両親から生を受けて以来、ご両親はもとより、多くの人に大切にされながら育ってきたことだと思います。いや、そんなことはなかった、という人でも、いまこうして生きていて、就活をしている以上、誰かのお世話になってきたはずです。誰かがあなたにそういう世話をしてきたこと自体が、あなたが大切にされてきた証左です。

そうした環境で、あなたはいろいろな人に出合い、多かれ少なかれその人たちから影響を受けた自分がいまあるのです。いろいろな教師や習い事の先生の指導を受けてきたし、課外活動の指導者の薫陶を受けてきたかもしれません。またあるときは、人生観が変わるような感動的な本や映画に、強く心を動かされたこともあったでしょう。

# 第3章 「自分らしさ」を知ってもらうために

こうして成長したあなたは、意思決定をするとき、なにかに反応するときに、また、誰かにものを頼まれたときに、どうしても考えてしまう、いつもやってしまう「自分らしさ」がすでにかなりの完成度で確立されているはずです。

この「自分らしさ」は幼少のころから長い年月をかけた学習と経験によって育まれてきたものなので、これから肉づけされ、強化されていくことはあっても、その根幹を変えることは容易ではないといわれています。つまりあなたは、あなたのいまの自分らしさと生涯つき合っていかねばならない可能性が高いのです。

したがって、これから明らかにしていく**あなたの「自分らしさ」が、今後もあなたの意思決定の拠り所になっていく**ことになります。しかも、この**「自分らしさ」は、これからつくっていく自己PRで訴えるべき強みの核心部分**になり、志望動機の根源的な理由にもなるのです。さらに場合によっては、この「自分らしさ」にあと押しされて自己成長を遂げた経験までも言えることもあるのです。

つまり、「自分らしさ」はエントリーシートや履歴書の3大課題といわれる自己PR、志望動機、そしてガクチカの核心をなすのです。しかも、「自分らしさ」は「やりたいこと」がわかっていなくても知ることができるのです。

# あなたの「行動」は「自分らしさ」の表れ

「自己の特長（強み）」でよくあるアピールポイントとして、「あきらめないで最後までやり抜く力」や「粘り強く目標を達成する力」などがあります。こうした力をゼミや卒業研究といった学業、あるいは部活動やサークル、アルバイトといった学業以外での取り組みにおいて発揮した、というエピソードは無数にあります。

そして多くの学生が、「あきらめないで最後までやり抜く力」や「粘り強く目標を達成する力」を自分の強みであるとともに、「自分らしさ」でもあると思っていて、実際、そのように強く主張もするのです。

このような強みを裏づけるエピソードを語ってくれる学生に対し、私は「あきらめずに最後まで、なぜ自分はやり抜きたいのだろう?」、「粘り強く目標を達成しようとする自分の背中を押していたのは、自分のどんな思いなのだろう?」、「あきらめない自分、粘り強い自分を衝き動かしていたものはなんだろう?」などと問いかけます。

「最後までやり抜く」や「粘り強く目標を達成する」というのは、その人の行動特性です。いつもこうした「粘り強く」「やり抜く」行動をしてしまう人なら、この行動特性はたしかにその人の強みといえます。

しかし、おなじ「最後までやり抜く」行動や「粘り強く目標を達成する」行動であっても、これらの行動は、人それぞれのなんらかの「自分らしさ」に衝き動かされ、それが行動として表面化したにすぎないのです。


たとえば、あるサークル活動でイベントの企画があり、メンバーの意識が低いために準備すらままならない状況のなかで、自分が中心となって**あきらめずに**メンバーに働きかけ、メンバーをリードしていったことでイベントを成功裏に終えることができた、という話で考えてみましょう。

サークル活動では、これに熱中し、充実感を味わっている人もいれば、メンバーではあるものの、仲間から少し距離を置いて、遠くから眺めているようなクールな人もいて、メンバー間には活動に対する温度差が多かれ少なかれあるのはふつうのことです。だからこそサークルでなにかイベントをやろうとすると、この温度差が壁になり、この壁を「私」が打ち破ったという武勇伝が多く語られるのでしょう。

ここで多くの人は、あるときはメンバー1人ひとりに向き合い、またあるときはイベントの意義を説き、不安や不満を聴き、その不安や不満を解消すべく話し合いの環境やしくみを整え、メンバーの個性が活かせるような役割をそれぞれ考え、メンバーを巻き込んで、スケジュールを調整し、などなどでリーダーシップを発揮し、イベントを成功に導いた、といったことがアピールポイントとしてよく語られます。この武勇伝で、傾聴力があり、相手の気持ちを理解でき、適材配置ができ、場を仕切ることができ、周りを巻き込むことができ、タイムマネジメントもできるという強みがあることを裏づけ、その強みをアピールするわけです。

これはこれでたしかに立派な武勇伝ではあるのですが、残念ながら、これではお伽話の桃太郎とおなじです。なぜなら、桃太郎は犬、猿、キジという味方（＝強み）をお供にして鬼を奇襲（＝どのように）し、退治しました（＝成果）。めでたし、めでたし、と言っているにすぎないからです。

## 「自分を衝き動かすエネルギー」が強さの根源

この桃太郎の武勇伝からスッポリと抜け落ちているものがなにか、おわかりでしょうか？

それは桃太郎の背中を押した動機です。桃太郎はなぜ鬼を討とうと決意したのか。桃太郎の心を衝き動かしたものはなにか。重要なのは、桃太郎がどうやって犬、猿、キジを味方につけたかでもなく、どのように立ちまわって鬼たちを討ち果たしたのかでもない。**桃太郎の心の強さを支えたものはなにか**、という動機です。

それは鬼のお宝や領地目当ての経済的欲求であったのかもしれない。あるいは、お爺さんお婆さんに立派に成人した自分を見てもらいたい、という承認欲求であったかもしれない。村人が苦しんでいることへの憐憫や正義感であったのかもしれない。あるいは一旗揚げて村人から尊敬されたいという名誉欲であったのかもしれない。

このように鬼退治1つとっても、その動機はいくつも考えられることがおわかりだと思います。そして桃太郎の心を衝き動かした決意の根源がわからなければ、桃太郎の人物像はイメージすらできないのです。

学生時代に強みを発揮した武勇伝もおなじです。

サークルのメンバー1人ひとりに傾聴してまわったり、相手の気持ちを理解しようとしたり、といった行動ははっきりいって面倒くさいし、疲れます。多くの場合は金銭的見返りもない。しかも、そこに投じた時間は二度と戻ってきません。それでも、このような犠牲を払うことを覚悟のうえで、あなたはそういう面倒くさい行動をやってのけた。いや、やらずにいられなかった。

この**「やらずにいられなかった」あなたを、そのような行動に駆り立てたもの、あなたを衝き動かした心のエネルギーはなんなのか**を、もう一歩踏み込んで考えてほしいのです。そしてこの損得勘定を抜きにしてでも「やらずにいられない」自分こそが、前章でお話しした一貫した自分であり、「自分らしさ」なのです。

ここまで踏み込んで考えてもらうと、半数以上の学生は自分を駆り立てた一貫した自分とはなんだったのかに気づくことができます。

たとえば、あるサークルが部員不足で存続の危機にあったとき、新入生勧誘に奔走し、勧誘方法に工夫を凝らしてサークルを盛り返すことに成功したある女性リーダーは、**誰かの期待に応えたい自分**に気づきました。この方は伝統あるサークルを先輩から引き継いだとき、先輩からの期待を一身に引き受けてしまったと思い込んだようです。子どものころからご両親が喜ぶことは自ら進んでやっていくうちに、親（＝周りの人）の期待に応えることが嬉しい自分になっていったそうです。

また、ある学生は、もともと内気な性格でした。それが、サークル内での意見の対立を

# 第3章 「自分らしさ」を知ってもらうために

きっかけに、自ら仲介役を買って出て、サークルの雰囲気を好転させることに成功するとともに、自らも内気な性格をのり越えて成長できたということです。この方は、**周囲と居心地のいい関係**であることが自分にとっての安心材料であり、そうでないと不安な自分に気づきました。だから、サークル内での揉め事やいざこざも嫌いで、そういうことがあるとどうしても放っておけなくなる。つまり親和や安全を求める自己防衛本能に近い欲求が、行動のエネルギーだったといえます。

このほかに、傾聴力があることを強みだと主張する営業志望のある男子学生もいました。それを裏づけるエピソードとして、ある体育会の部活動で、価値観の異なるメンバー1人ひとりの話を傾聴し、いろいろな声を拾い上げて部全体が円滑に運営できるように調整した経験を挙げてくれました。おそらく、顧客のニーズを引き出す傾聴力が、営業志望者としてのアピールになると考えたのでしょう。そこでどんな調整をしたのかを聞いてみると、いま1つ具体的な例を言えないのです。そこで、メンバーの意見を傾聴してまわろうとした背景として、部にはどんな課題やあなた自身の問題意識があったのか。これを尋ねてみたところ、部の運営が力のある声の大きな連中の意見に支配されていて、力の弱い声の小さなメンバーの意見が抑え込まれていることへの反発か怒りのようなものが自分のなかにあった、と言ってくれました。そして、こうした声の大きな人に支配されることに対する反感は、小学生のときのいじめの体験があったからだと思うと語ってくれました。だからこそ大きな声だけがまかり通る世の中ではいけない、声なき声を見過ごしてはいけないという強い**正義感**ともいえる価値観をもつようになったのだと思うと回想し、感極まって涙を浮かべさえもしたのです。

ならば、あなたのほんとうの強みは傾聴力というよりも、弱者の声にならない声を拾い上げ、大きな意思としてまとめることができる力ではないだろうか、という仮説を提示したところ、しごく納得したように頷いてくれたのでした。

似たような話ですが、「人の気持ちを読んで（先取りして）行動できる」といった力もよく持ち出される強みです。部活動でメンバーの気持ちを1つにすることに成功した話や、アルバイトでお客様に喜んでいただいたなどのエピソードもよく耳にします。この力をもう少し的確に言うと「相手の立場に立って考え、相手の望みや欲求を理解して行動できる」となります。

ここで相手の立場に立つことの目的と効用を考えてみましょう。この目的は相手の望みや欲求を理解すること、つまり、相手の置かれた状況に自分を置き、相手にとっての前提や制約を理解することで、相手がどのような欲求や動機から、どのような行動に出る可能性があるのかをシミュレーションするためといえます。

では、相手の気持ちが読め、行動が予測できたとき、あなたはどう反応するのか。相手の期待に応えるのか、相手の行動を支援するのか、自ら譲歩し、相手にしたがうのか、融和的に妥協点や協調点を見つけるのか、それとも敵対的に相手を屈服させるのか。その選択にあなたの「自分らしさ」が強く反映されます。そして、その選択をあと押ししたものが、自分を衝き動かすエネルギーなのです。

たとえば、期待を超える感動のサービスを提供することで有名なリッツカールトン。ここの従業員は、お客様の期待とお客様の遠慮、従業員のお客様への思いやりとおせっかいとの微妙な間を読み、絶妙のタイミングで最高のサービスを提供しています。これにまつわる様ざまなエピソードが、書籍やネットで語られてもいるので、その1つや2つは耳にしたことがある人もいることでしょう。

リッツの従業員はなぜそこまでやるのか。彼らを衝き動かしているエネルギーはなにか。その核心は「ホテルを利用されるお客様の願望やニーズを理解し、ご期待以上のサービスを提供するため、従業員自ら紳士淑女になる」と明文化された、リッツのモットーにあります。それは、自分たちは最高のサービスを提供する紳士淑女であるという**誇り**であり、最高のサービスを提供することで自分たちも紳士淑女であると**認められ、尊敬される**ことで、**自尊**の念を強くもてるからです。こうした強い動機が最高のサービスを提供するという彼らの行動の根源になっているのです。

## 意欲・情熱を伝えるWhy?「それはなぜか」

モチベーション研究家のサイモン・シネック氏が唱える「ゴールデンサークル」という理論があります。彼は、人は「なぜ（Why）」そうしたのかがわからないとその行動に納得できない、と言います。そしてこれをヒトの脳の構造に関連づけて説明しています。

彼によれば、なにをするのか（What）や、どのようにやるのか（How）は、大脳の外側に発達した大脳新皮質で理性的かつ論理的に解釈され、説明されるとしています（**図2**）。でも、なぜそうするのか（Why）は大脳新皮質では説明できない。なぜなら、行動の意思決定権は脳の内側にある原始的な爬虫類脳に握られているからです。しかもこの爬虫類脳は言語を理解できないそうです。理性や論理で説明されても、爬虫類脳が違和感を覚えれば、それが行動に移すときの抵抗になるのです。理屈ではわかるけど腑に落ちない、というやつです。

　これとは逆に、爬虫類脳にとって居心地のよい方向には行動指令が出やすい。そしてその行動の正当性を外側の理性的な脳があとから理由づけしてくれるのです。これでいいのだ、と。

　ハーバード大学のマクレランド教授は、意思決定を左右する基本的な動機を、達成、パワー、親和、そして回避という4つに分類しています。これをシネックの理論に結びつけると、達成は獲物をより多く、より成功率よく捕食しようとする動機、パワーは家族や集団を支配し、子孫を残そうとする動機、親和は家族や兄弟に協力し、認められることで、自分の居場所を守ろうとする動機、そして回避は天敵や天災から身を守る動機と解釈

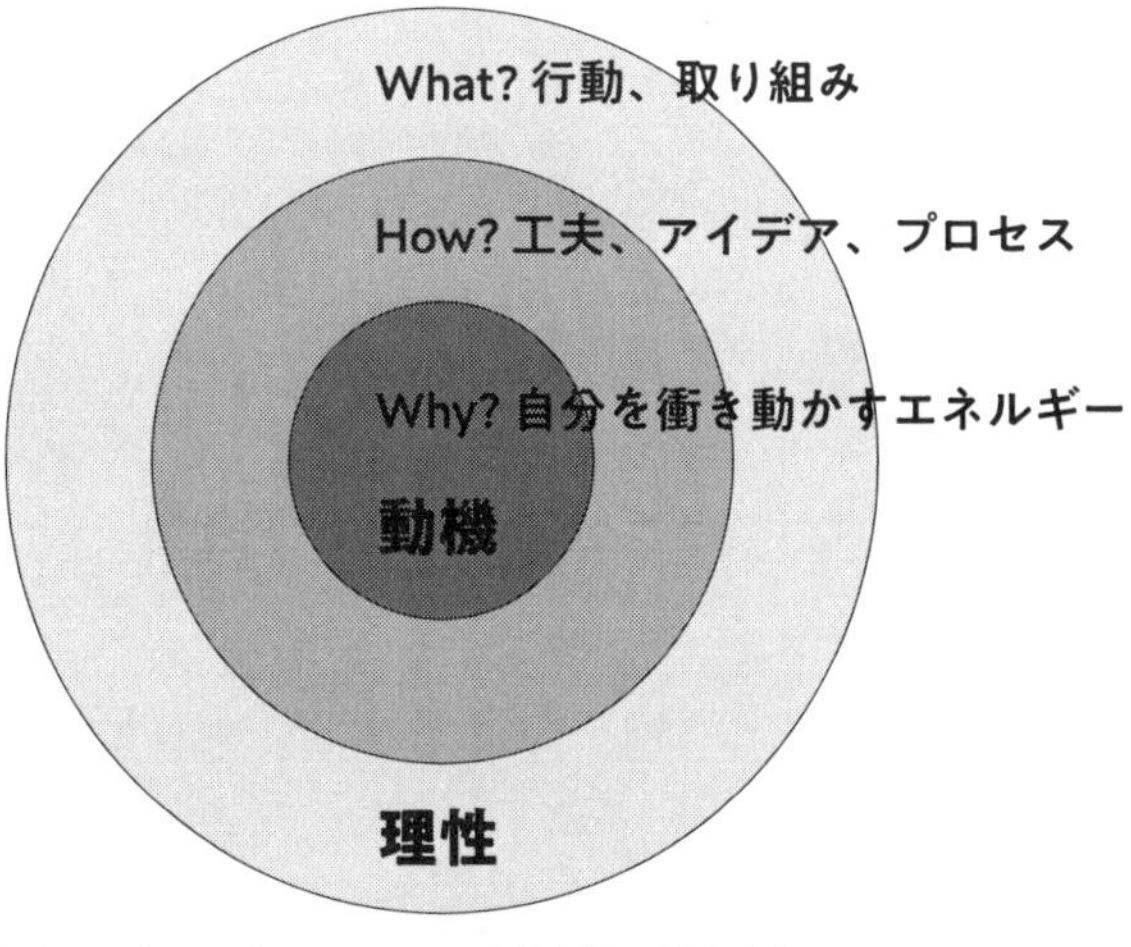


図2　ゴールデンサークル：自分を衝き動かすもの＊

＊サイモン・シネック：https://www.ted.com/talks/simon_sinek_how_great_leaders_inspire_actionを参考に作成

できます。

部活動でメンバーや後輩の話に耳を傾けたり、相手の気持ちを理解したり、あきらめずにチームでやり遂げたりしたことも、ただ、その努力の行動や成果を言うだけではなく、自分にはこのチームをまとめる責務があると思ったからなのか、仲よくしたい、周りから好かれたいと思ったからなのか、自分にとって居心地のよいポジションがほしかったからなのか、どうしても他チームに勝ちたいと思ったからなのか、その情動や動機に触れるべきなのです。


たとえば、ある運動部に所属していた学生は、凡事徹底をスローガンに、挨拶や掃除、あとかたづけなどを手抜きなくやるようチーム全員に働きかけたことでチームの一体感が高まり、部の勝率を上げることに貢献できたというエピソードを話してくれました。

はじめは、その動機を自分の**責任感**からだと主張していましたが、よく話を聴いてみると、彼は主将や副主将でもなく、レギュラーですらなかったのです。

そういうポジションの彼がなぜ、なにに対する責任感からそんな働きかけの行動をとったのか掘り下げてみたところ、自分もレギュラーになりたかったし、試合で勝つべく苦しい練習に耐え、努力もしてきたということでした。それは他の部員もおなじで、ともに苦しい練習をこなしてきた。そんな自分たちの練習に注いできたチーム全体の努力を勝利という成果に結びつけたい。そういう思いでチーム全員に働きかけたのだと語ってくれました。

ならば、責任感というよりもチーム全員の努力を無駄にしたくない、勝利というチームの成功に結びつけたい、というこだわりが自分をあと押ししたのではないかということになり、もう一度動機から見直してみることになりました。この、チームの努力を無駄にしたくないという気持ちは連帯意識のような親和動機が働いているのでしょうし、チームの成功にこだわるところは達成動機が強く働いていると考えられます。

また、ある店舗でのアルバイトに力を入れてきた学生は、商品知識の習得からはじめ、商品の棚卸、レジ打ち、接客、とスキルを広げていき、店長や仲間から頼られる人材になれたと語ってくれました。そこで、なにかのスキルが上達したからといって時給が100円も200円も上がるわけではないのに、なぜそのように努力し、多くのスキルを身につけようとしたのか、その動機を探っていくことにしました。

はじめは、お客様の喜ぶ顔が見たいからだとか、周りのメンバーの負担を減らしたいからだ、といった親和動機に近い理由を挙げていましたが、そのやりとりのなかから、スキルを身につけ、他人に指図されることなく仕事ができると働きやすいからだと漏らしてくれました。これを「自分らしさ」に翻訳してみると、他人に頼ることなく自分の裁量で仕事をすることにやりがいを感じる、のように言い換えることができます。このことから、この学生を衝き動かしていたのは**自立心**だと推測され、仕事を任されたり、責任をもたされたりすることを好むパワー動機が強く働いていると考えることができます。

これらの例からわかるように、達成、パワー、親和、回避という根源的な動機に結びつくところまで行動の理由を掘り下げていくと、その人らしさが浮かび出て、なぜそうしたのか（Ｗｈｙ）を、説得力をもって語ることができるのです。

「志望動機」や入社して「実現したいこと、達成したいこと」を言うときもおなじです。単に企業の将来性や事業の強み、働きやすさなど、企業ホームページの採用情報に掲載されているような文言や、お客様を第一にしたい、人びとの幸せに貢献したい、など有り体なことを言うよりも、あなたの「なぜそうしたいのか」、「それをやることが、自分にとってどんな意味があるのか」を伝えたほうが、聞き手の心を大きく揺さぶることができます。なぜなら、脳の内側の情動や動機から湧き出た言葉なら、それを聞き手が勝手に理性的な外側の脳で理由づけし、正当化してくれるからです。これでいいのだ、と。

## 強み・弱みを知っておくことの意味

マクレランド教授は、4つの基本的な動機は誰にでも備わっているものの、個人の長年の学習によって、そのうちいずれか1つが顕著に働くようになるとしています*。これを優位動機といいます。そして、この優位動機がその人の「自分らしさ」や行動特性を特徴づけているのです。つまり、優位動機が「自分を衝き動かしている」のです。

また、4つの動機にはそれぞれ特徴的な行動特性が現れます。しかも、いずれもポジティブな面とネガティブな面があるのです。したがって、どれが自分の優位動機であるかを理解しておけば、ポジティブな行動を積極的にとることも、また、ネガティブな行動を意識的にセーブすることもできるようになります。つまり、優位動機の理解が、自分の強みのさらなる強化や、弱みの克服に役立つのです。

*デイビッド・C・マクレランド「モチベーション」梅津ほか訳、生産性出版（2005）

さらに、自分の強みを知っていれば、自分の強みを活かしていけそうな仕事のイメージがつかみやすくなります。その結果、自分の納得のいく選択ができる可能性も高まります。また、どんな仕事に就いたとしても、どうすれば自分の強みを発揮できるか、いまの仕事をもっとうまくやるには、どの短所を克服すべきか、といった課題も見えてきやすくなります。

そして、長所を伸ばす取り組みや、短所への対処を具体的に考えることは、就活においてエントリーシートを書くときや、面接対策をするときにも欠かせない作業になります。なぜなら、優位動機が「自分らしさ」の根源であり、「自分らしさ」が自己PR、志望動機、そしてガクチカの核心をなすからです。

参考として、マクレランドの4つの動機を、それぞれの特徴的な行動特性とともに**表1**にまとめておきます。

ではここで、**表1**を参考に、自分の優位動機について、強いと思われる順に2つ挙げてみましょう。そのそれぞれの動機について、長所として伸ばすべき行動特性と意識して抑えていくべき行動特性を考え、**表2**を完成させてみましょう。

# 第3章 「自分らしさ」を知ってもらうために

表1　マクレランドの４つ動機と行動特性

| 動機 | 行動特性 | |
|---|---|---|
| | ポジティブ面 | ネガティブ面 |
| 達成 | ・自分の興味が中心。<br>・適度なリスクを好む。<br>・結果や成果、自己の成長を知りたがる。 | ・なんでも自分でやりたがり、他人に任せられない。<br>・極度なリスクは取らない。<br>・結果を待てない。 |
| パワー | ・責任ある仕事を好む。<br>・その場や組織を仕切りたがる。<br>・地位や身分を重視する。 | ・実力を認められたいと希う。<br>・人を地位や影響力で判断する。<br>・他者からの指図をきらう。<br>・他者にも、自分とおなじように行動することを求める。 |
| 親和 | ・周囲との関係を大切にする。<br>・他者に好かれたい。愛されたい。<br>・競争より、協力を好む。 | ・悩みや問題を1人でかかえ込むことに耐えられない。<br>・外的圧迫に弱い。<br>・リスクを取ったり、挑戦したりすることを避ける。 |
| 回避 | ・周りに合わせようとする。<br>・周囲との軋轢を避ける。 | ・困難なことは避ける。<br>・失敗を怖れる。 |

表２　私の優位動機と行動特性

| | 優位動機 | 伸ばすべき行動特性 | 意識して抑えるべき行動特性 |
|---|---|---|---|
| 1 | | | |
| 2 | | | |

# 「自分らしさ」を振り返ってみよう

「自分らしさ」を知るには、自分が生まれ育ってきた環境や出合ってきた人びとを振り返ってみることがとても役立ちます。生まれて最初に影響を受けるのは家族です。あなたを生み、育ててくれたご両親はどのような性格の方でしょう。どんな仕事をしていて、家庭の経済的な状況はどうであったか。ご両親による躾の度合いや育成・教育方針。あなたは父、母、兄、姉の背中をどう見ていたか。

家庭環境のつぎに振り返るべきことは、教育環境です。幼稚園、小学校からはじまり、大学にいたるまで、学校や塾、習い事などでどのような教師に出合い、どのような指導者に巡り合ってきたでしょうか。また学友やともだちと出合い、その家族との出合いもあったかもしれません。そうした人たちの言動や生き方になにか影響されたことはなかったでしょうか。あるいは、読んだ本や観た映画、演劇、テレビのドキュメンタリー番組などで世界観や人生観が変わったり、尊敬する人物に出合ったりしたかもしれません。とくに、偉業をなし遂げた人びとの伝記ものでは、どのような分野であっても、彼らの生き方から深く感銘を受けることが多いものです。

# 第3章 「自分らしさ」を知ってもらうために

また反面教師にインパクトを受けることもあります。私が子どものころ、近所に住んでいたあるおじさんは、仕事もせず、昼間から酒を飲み、そばに寄ると臭ってくるような生活を送っていました。どのような理由で仕事をしていなかったのかはわかりませんが、いずれにせよ仕事をしないとどうなるかを、私に強く印象づけてくれたことはまちがいありません。

最後にあなたの育った地域性を考えてみましょう。北海道、東北、北陸、九州、沖縄では明らかに人びとの気質にちがいがあり、そうした地域毎に異なる風土や風習、文化といったものがあなたのパーソナリティに影響している可能性は大いに考えられます。

できれば家庭、教育、地域の3つの視点で自分の考え方や価値観、パーソナリティに影響を与えた印象深い出合いや出来事を歴年順に紙に書き出してみましょう。用紙を上下または左右に3等分し、3つの視点を明確に書き分けるのもよいでしょう。自分の内にあるものを言語化してみることは、自分の理解を深め、気づきを得るうえでとても役立ちます。

こうして自分史を振り返り、紙に書き出してみたら、これにタイトルをつけてみましょう。どんな半生を送ってきたのか、自分なりに納得できるタイトルを考えてみましょう。

このとき、できるだけ自分を前向きにさせるポジティブなタイトルにするのがポイントです。なかには、嬉しかった、感動した、楽しかった、といった気分が高揚するような経験はほとんどなかったという人もいるかもしれません。たとえば、ずっといじめを受けてきた半生だった、などです。

だとしても、あなたはそのいじめに耐え抜いてきた。だからこそ、いま就職しようとしているあなたがいるはずです。ならば、どのようにして耐えてきたのかを前向きに考えてみましょう。なるべくいじめられないよう、いじめっ子に媚びてきたのか、自分を見失わないようただひたすら耐えてきたのか、そのうち必ず見返してやると誓いながら臥薪嘗胆してきたのか、いじめの現実を忘れようと別のなにかに打ち込んできたのか。どんな耐え方が自分を自分らしく支えてきたのかを前向きにとらえ、自分らしい耐え方、心のもち方をタイトルにするのがポイントです。

**〈自分の半生につけるタイトル〉**

「　　　　　　　　　　　　…半生」

自分の経験を家庭、教育、地域の3つの環境面から考えてもタイトルがうまく思いつかないときは、自分の言動や行動の癖、あるいはそれに対する周囲の反応や評価、受けとめ方を思い出してみましょう。

いかがでしょうか? ちなみに、私の場合を言えば「想像を超える自分に出合うために、自分の可能性を試してきた半生」となります。そう言えるのは、理系出身で、技術者として社会人生活の大半を過ごしてきた自分が、いま、文系出身者がメジャーの業界でマルチワーカーとして社会にかかわるようになるなど、想像すらしていなかったし、できなかったからです。

## 「自分らしさ」を一言で

あなたがなにか行動を起こそうとするとき、あるいは意思決定するとき、どうしてもやってしまうこと、考えてしまうことはなにか。誰かにものごとを頼まれたとき、いつもどんな気持ちで反応しているのか。誰かになにかをしてあげたいと思うとき、どうして自分はそうしてあげたいと思うのか。そうしたいと思う自分は周りの人からも「〇〇さんって、いつもそうよねえ」と言われるし、自分でもそう思う。そういう自他ともに認める行動や考え方の癖のようなものこそ「自分らしさ」であり、だからこそ、この「自分らしさ」がいつもの行動や考え方、ものの見方に反映されるのです（**図3**）。

ではここでもう一度、自分らしい行動や考え方に思いを巡らせてみましょう。「自分はこういう人間だ」と一貫性をもって受け容れられる、できればポジティブな「自分らしさ」を、これも仮説でよいので、簡潔に言語化してみましょう。

# 第3章 「自分らしさ」を知ってもらうために

図3「自分らしさ」とは、過去の経験、他者との比較、社会での位置づけから「自分はこういう人間だ」と一貫性をもって受け容れている「自己イメージ」

表3　価値観を表すキーワード

健康　食べ物　休息　やすらぎ　ぬくもり　安定
安全　楽しみ　認められる　癒し　気づき　美しさ
美　美意識　芸術性　正直　至誠　素直　希望
やさしさ　思いやり　よろこび　よろこばれる　わくわく
理解される　必要とされる　寄り添う　相手の立場　傾聴
働きかけ　熱中　充実　やりがい　親切　信頼　正義
真心　責任　受容　許し　癒し　本物　家族　友
報酬　富　余暇　豊かな心　幸福感　愛　つながり
関係構築　自主性　自発性　自律　効果的　独立
向上　達成　執念　参加　参画　貢献　帰属　平等
平和　余暇　あそび　夢　挑戦　自由　成長　成功
調和　協調　妥協　守る　目的　能力　才能　技能
知識　誠意　自己実現　協力　創造　探究心　創意
工夫　独創　尊厳　誇り　一貫性　柔軟性　多様性
規律　秩序　社会性　地位　肩書き　他者への支援
奉仕　チームワーク　行動　熟慮　視野　周囲の評価
自律　リーダーシップ　変革　尊厳　品位　忠義
伝統　名誉　謙虚　情熱　執着　決断　使命
問題解決　主体性　積極性　努力　勤勉　地道　地味
ひたむきさ　継続　妥協　残念　悔しい　自己管理
感情のコントロール　自律　克己　挽回　耐久　道徳心
コミュニケーション力　柔軟　臨機応変　機転

**表3**に、「自分らしさ」を言語化してみるのに参考になりそうな価値観を表す代表的なキーワードを掲げておきます。これらを眺めてみて、自分が重視する価値観に近いキーワードをいくつかピックアップし、これらをつかって「自分らしさ」を一言で表現してみましょう。

## 〈仮説〉「自分らしさ」を一言で言うと

ちなみに、私の「自分らしさ」を言語化してみると「なにごとも、逃げずに受けとめ、自分なりに特徴のある工夫を凝らして挑戦し、達成することに喜びを感じる」というのが、よかれ悪しかれ、いちばんぴったりしているように思います。そんな自分を衝き動かしているのは、その先に自分の想像を超えた自分がいるかもしれないという期待であると、自分に言い聞かせるようにもしています。

「自分らしさ」をうまく言語化できたでしょうか。うまくできなければ数日寝かせ、もう一度トライしてみてください。この仮説が自分軸としてもっとも肝心なところです。とりあえず、ここで書き出してみた**仮説としての「自分らしさ」を、今後の意思決定や選択の理由の拠り所としていく**ことにします。

この仮説をもとに自己PR、志望動機、あるいはガクチカを書いてみたとき、もし、その経験やエピソードに違和感を覚えたら、「自分らしさ」の仮説を見直し、書き換えてかまいません。「自分らしさ」の仮説は、あなたの納得感を頼りに、より納得する自己イメージに近づけていけばよし、としましょう。

## 「弱み」はリフレーミングではなく改善可能なことを

リフレーミングとは、ある認識されたものごとを、異なる思考の枠組み（フレーム）でとらえなおすことをいいます。就活においては、弱みしか思いつかない人が、弱みをリフレーミングすることで強みを発見するツールとしてつかうことがあります。たとえば「内気で、人の先に立つのが苦手」という人の場合、これをポジティブにリフレーミングすると、「謙虚で、人の背中を押し、支えていくことが得意」などに言い換えることができます。

しかし、自分の課題としての弱みを言うためにつかうときには、少し注意が必要です。たとえば「考えすぎて、なかなか決められない」が弱みだとすると、これをリフレーミングすると、「意思決定には時間をかけて慎重に熟慮する」のように言い換えることができます。こうなると、弱みとして挙げたことは、もはや弱みといえるのかという疑問が湧いてきます。

そこで、このようなリフレーミングによってポジティブに変換できる弱みを弱みとして挙げた学生には、私はつぎのように問いかけています。では、その弱みを克服するために、あなたが心がけていることはなにかありますか？　と。

この問いに、たとえば「即断即決するように心がけています」のように答えることもできるし、「決められないときは他人の意見を聞きます」のように答えることもできます。しかし、即断即決や、他人の意見がいつも熟慮断行より優れた結果や、自分の納得をもたらすわけではありません。つまり、リフレーミングできる弱みは、それを克服すれば、同時にその裏返しである強みも失うというジレンマがあるのです。

前の節で、「自分らしさ」の表れである行動特性にはポジティブな面とネガティブな面があることを示しました。企業がエントリーシートや面接であなたの弱みを問うのは、あなたがどれだけ自分らしさを理解しており、そのネガティブな行動特性をどのように意識してセーブしたり、改善したりできる人なのかを見ようとしているからです。

したがって、弱みを挙げるなら、それは自分で弱みとしてしっかり認識できていることにすべきです。しかも、それに対し、具体的な克服の取り組みや、改善の姿勢が言えるものが望ましいのです。これが言えれば、あなたは自分の弱みにしっかりと向き合えている人だということを、強く訴えることができるはずです。

たとえば、パワー動機が優位な人なら、弱みについてつぎのように言うことができます。

> 私の弱みは、なにかを任されたとき、周りからのアドバイスにあまり耳を傾けようとしない傾向があることです。これは自力でやり遂げたいという気持ちが強いためだと思っています。しかし、誰かにアドバイスを求めていたら、もっとうまく、もっと早くできたりしたのではないか、と反省させられたことが何度かありました。こうした経験から、いまではできるだけ周囲の意見も素直に聞き、よいところはどんどん取り入れるように意識しています。そして、うまくいってもいかなくても、アドバイスしてくれた人には感謝の気持ちを伝えるように心がけています。

# 自己ＰＲの論理構造

「自分らしさ」とは、その人なりの行動や意思決定の判断基準、選択の理由の根源にある優位動機に衝き動かされた、その人なりの価値観や信念、あるいはものの見方やとらえ方といったものの総体としてとらえた自己イメージである、という理解でここまであなたの「自分らしさ」を掘り下げて考えてきました。

ではいよいよ、あなたの「自分らしさ」を核にした自己ＰＲをまとめていくことにしましょう。

自己ＰＲの目的は、「自分らしさ」を広く（Ｐ：パブリックに）相手に知ってもらうことで、相手と良好な関係（Ｒ：リレーション）を構築することにあります。あなたがどのような特長のある人物なのかを、エントリーシートであればわずか数百字で端的に表現しなければなりません。

限られた字数のなかで「自分らしさ」を確実に相手に伝えるには、シンプルでわかりやすい論理構造にすることが欠かせないのです。とりわけ自己ＰＲの場合は、生まれてから

# 第3章 「自分らしさ」を知ってもらうために

いま現在までの**一貫した「自分らしさ」**を知ってもらうことが目的なので、過去、現在、未来という3つの時間軸のフレームワークで論理を構造化するのが効果的です。その論理構造のイメージを**図4**に示します。

あなたが自己PRで紹介する事例は、研究、ゼミ活動、学業、課外活動、アルバイト、ボランティアなど、なんでもかまいません。つねに「自分らしさ」を貫いて、なんらかの成果を上げたり、達成したり、あるいは周りに影響を与えたりしたような経験であれば、どれでもOKです。

「自分らしさ」をアピールするストーリーとしては、**表3**のキーワードを参考に、役割、立場、影響力、課題解決力、関係構築力、コミュニケーション力、発想力、達成力、突破力などをテーマにするのもよいでしょう。

自己PRのテーマが決まったら、ストーリーの論理構造の流れ

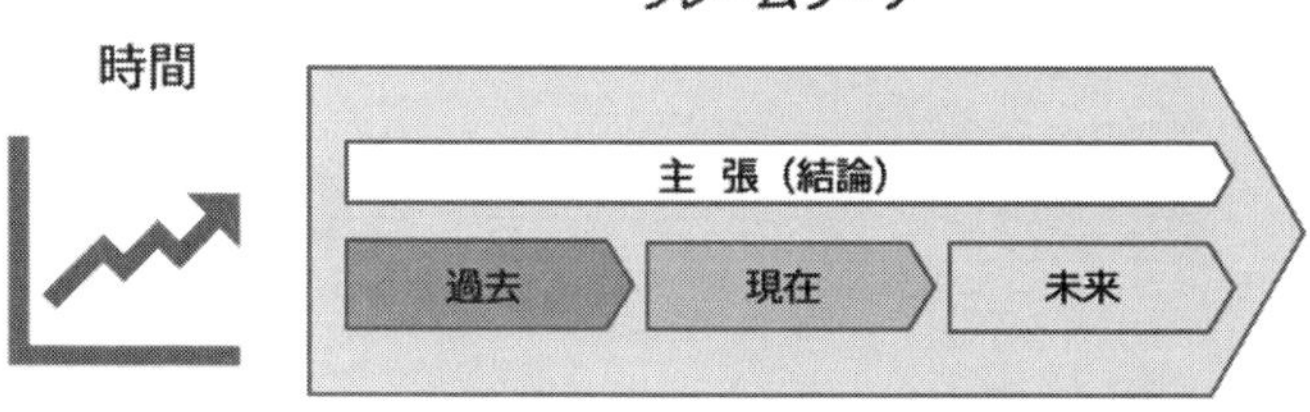


図4　時間軸で組み立てた自己PRの論理構造

にそって、伝えるべき最小限のことを箇条書きでまとめていきます。この箇条書きを文章としてつないでいけば、自己PRの完成です。この、論理構造の流れにそった箇条書きをストーリーラインとよんでいます。ストーリーラインは研究内容や志望動機、ガクチカの骨子をまとめるときにもつかっていきます。

では、**図4**の論理構造にしたがって自己PRのストーリーラインを、テンプレート形式で以下に示します。

〈自己PRのストーリーライン〉

**【主張（結論）】**

・自分らしさ（特長、強み）を1センテンスで簡潔に表現する。

**【過去】**

・その自分らしさは、どのような環境（家庭、教育、地域）で育まれてきたのか。自分はなにに衝き動かされるのか。

・その自分らしさはどのようにして発揮されるのか。どのような意図をもって発揮するのか。具体的な成功、達成、他者への影響などの事例を結果とともに論証する。

【現在】
・その結果を振り返っての、いまの自分のあり方。
【未来】
・今後社会に出て、あるいは入社して、その自分らしさをどのように活かしていきたいか。

ここで、自分の強みを発揮するときの「意図」について、少し触れておきます。ここでいう「意図」とは、自分の強みを発揮するとき、その結果もたらされる期待効果はなにか、ということです。

たとえば、「私は人の話を聴いてあげることが得意だ」という強みを主張するとします。この強みを発揮したエピソードとして、ここでは、部活動でなにかのイベントを企画したときに、メンバー1人ひとりにじっくりと意見を聴いてまわった経験を話すとしましょう。このとき主張すべきなのは、1人ひとりに意見を聴いてまわった傾聴力ではありません。そのように1人ひとりに意見を聴いてまわったことにどのような「意図」があったのか、です。

たとえば、1人ひとり異なる不平や不満をもっているだろうから、とりあえず話をじっくり聴いてあげることで、本人にとりあえずすっきりしてもらう、あるいは安心してもらうというところまでが、その行動の意図だったのかもしれません。ここまでの行動なら、その根源的動機は親和や回避から発したものである可能性があります。

そこからさらに一歩進んで、メンバー全体の合意形成を図ろうとする意図でその行動をとり、その結果メンバーの意見がまとまるような成果を上げたなら、ほんとうの強みは「人の話を聴いてあげられること」ではなく、問題解決や合意形成のために「リーダーシップを発揮できること」になるのではないでしょうか。そんな強みを発揮してしまう根源的な動機は、イベントを全員で成功させようとする達成動機や、イベント成功への責任感というパワー動機が働いている可能性があります。

いずれにしても、なんらかの行動に自分の強みを求める場合は、その行動の意図までもはっきり意識できてはじめて、説得力のある自己ＰＲが語れるようになるのです。

## 〈自己ＰＲ〉を書いてみよう

では、自己PRのストーリーラインにしたがって書いた自己PRの具体例を、いっしょに考えてみましょう。ここでは、高校時代の私の記憶を頼りに、私の場合を紹介してみます。なお、例文中には説明のための番号と傍線を追加しています。

〈自己PRの例〉

①私は、困難な課題に対し、自分なりに工夫して挑戦し、達成することに喜びを感じます。それは、②その困難をのり越えた先には、それまで見えなかった景色があることを、経験的に知っているからです。高校入学当初は大学進学も真剣に考えておらず、成績もぱっとしなかったのですが、進学を目指す級友が休み時間も惜しんで勉強しているのを目の当たりにし、③受験戦争とはどんなものなのか、どれほど難しいのか、単純な興味を覚えました。それ以来、友人らの勉強方法を観察し、まねてみて、それをくり返すという努力をつづけました。結果、半年で学年上位10%以内に入るようになり、進学の選択肢が大きく広がったのです。この経験はいまも私の成長意欲の支柱であり、④困難に直面したときの行動の基本となっています。⑤社会に出ても困難を克服した先には、新たな景色を見ている成長した自分がいるという信念をもって、なにごとにも挑戦していきたいと考えています。（398字）

この自己PRでは、まず①で、困難な課題に工夫を凝らして挑戦するという自分の主張を1センテンスで言いきっています。②では、自分が（このあとで述べる教育環境に刺激され）衝き動かされる真の理由を理解していることを訴えています。③では、困難へ挑戦することになったきっかけと、目的達成の具体的方法を述べています。そして④で、この経験がいまの自分のあり方の根っこになることを打ち明け、最後に⑤で、今後社会において、この自分らしさを活かしていく姿勢を表明しています。

この5つの要素のなかでも、もっとも重要なのは、ここでは②です。なぜなら、「困難をのり越えた先には、それまで見えなかった景色があることを知っている」からだ、という明確な行動の意図が記されているからです。これが①の自分らしい行動へと駆り立てるエネルギーなのです。

この「自分らしさ」と、それを衝き動かすエネルギーさえ明確に言えさえすれば、あとはそれを立証するあなたの行動例を示すだけです。

では、みなさんもやってみてください。

自己PR

# 第4章

# とりあえず「やりたいこと」を仮説にしてみる

## ピンとくるまで待つ？

学生の就職相談をしていると、「やりたいことがまったくわからない」という人もときどきやってきます。企業説明会やインターンシップに参加しても、まったく興味が湧かないのだそうです。そういう人に、企業説明会やインターンシップには何社くらいいきましたか、と尋ねてみると、多くの場合は1桁台の答えが返ってきます。

それくらいでピンとくる企業や仕事が見つかるなら、それはむしろ奇跡的なことだと私は思っています。

あなたは好きな芸能人やアーティストの1人や2人、あるいは夢中になっている趣味や好きなことの1つや2つは挙げることができるはずです。あなたはそのアーティストの曲をはじめて聴いた瞬間に熱狂的に好きになったのかもしれないし、そのアーティストが好きな理由を具体的にいくつか挙げることもできるでしょう。でも、あなたがそのアーティストを知るまでに、テレビやネットでいろいろなジャンルの無数のアーティストの楽曲を耳にしてきたはずです。でも、そのなかにはあなたがピンとくるアーティストはいなかった。

仕事もおなじです。あなたはまだ数社からしか話を、それも表面的にしか聴いていないのです。つまり、ピンとくるまでには程遠いということです。

では、何社くらいいけばよいのか、という疑問が当然出てくるわけですが、これに対しては、ピンとくるまで、としか答えようがありません。しかし、それを待っていると、就活のスケジュールに間に合わないことになるかもしれません。だからみんな「とりあえず」やりたいことを決め、「とりあえず」就職してしまうのです。

それでも、あなたがどうしてもピンとくる仕事にはじめから就くことにこだわるなら、つまり、はじめから「自分らしさ」と仕事で経験することとがほぼ重なった状態を望むなら、そうするほかはないのだと思います。どこまでもピンとくるまでこだわるなら、スケジュールにのり遅れるリスクを覚悟しなければならないということです。

# ピンとこなくてOK

ピンとくるまでこだわりつづける。これも企業選びの1つのやり方ですし、これでうまくいくこともあるでしょう。しかし、これはあまり得策とはいえません。なぜなら、仮にピンとくる会社に巡り合ったとしても、そこがほんとうに自分らしく活躍できる場なのかは、そこで実際に仕事をしてみないとわからないからです。

ピンときて、しかもそこがはじめから天職のように感じられるのは、宝くじの1等に当たるようなものです。だから多くの人はこ〜んな感じかなー、というくらいでエントリーシートの提出期限までに志望企業を絞り込んでいくわけです。

その程度の感覚で決めるとしても、これはそれほど悪い選択ではありません。いえ、むしろそうやって、「とりあえず」就職する。それでよいのです。なぜなら、ピンときた仕事でも、多くの場合は仕事に就くと、一旦居心地のよさと決別しなければならないからです。ほとんどの人は、「とりあえず」そこからキャリアをスタートするのです。こうして、しばらくの間は「やりたいこと」の仮説の検証に身を投じるのです。その過程で、「自分らしさ」と仕事での経験とのギャップに折り合いをつけながら、なんとか両者の重なりを広げようと努力していくことが、現実的な解決策なのです。

「やりたいこと」の仮説の検証はそれほど複雑な作業ではありません。**やってみて気持ちよければ自分に合った「やりたい仕事」**であり、努力を重ねても不快で居心地が悪ければ「やりたいこと」ではない。単純に、それだけです。

ですから、「とりあえず」就職する。そしてその場所でひた向きに努力し、仕事の経験を積んでいけば、「自分らしさ」と仕事での経験との重なりが広がるのだと信じましょう。そうやって居心地の悪さと折り合いをつけながら、仕事の経験を自分なりに意味づけしたり、経験に変革がもたらされるよう行動したりするうちに、居心地のよさを獲得していった人が、天職への道を開いていけるのです。

また、こうして「とりあえず」就職してしまうからこそ、その会社のなかで「やりたいこと」に巡り合う可能性も生まれるのです。そんな機会を見逃すことなく、確実につかみ取れるよう、つねに心の目を開いておくことも重要です。たとえば第2章で触れた味の素の栗原さんのような気づきは、会社で「やりたいこと」に巡り合う、よいきっかけになります。

ですから、どんな仕事でも多少は居心地が悪いものだと一旦覚悟を決める。そしてピンとくる、こないにはあまりこだわらずに仕事を選んでも、それほど悪い結果にはならないと考えてよいのです。

## インターンシップ、アルバイトで検証してみる

ピンとくる、こないにあまりこだわらず仕事を選んでも、それほど悪い結果にはならないにしても、明らかに違和感のある仕事を、あえて選ぶのは賢明とはいえません。いずれにしても居心地の悪さはできるだけ少ないほうがよいに決まっているのですから。

そんな居心地の悪さを少しでも減らすヒントになるのが、アルバイトやインターンシップなどでの経験です。とりあえずなんらかの仕事をする環境に身を置き、そこでの居心地を試してみる、つまり検証してみるのです。

たとえどのような環境であっても、空気のように身の周りにあれば、だんだんそれを好きになるということもあります。たとえば子どものころに、音楽になんの興味がなくても、

毎日親がクラシックを聴いていると、ある日突然ショパンのピアノ協奏曲に心を打たれることもあるのです。環境があなたの志向や興味を方向づけることもあるということです。

ブックオフ、吉野家、そしてモスバーガーの社長といえば、いずれもアルバイトから社長にまで登りつめたことで有名ですが、この方がたがアルバイトをはじめた動機は、主婦の小遣い稼ぎや学生バンドの活動資金稼ぎなどであり、もとより社長になるなど考えてもいなかったそうです。こうした人たちも結局、置かれた環境のなかで自らの経験に意味づけをしたり、経験に変革をもたらす行動をとったりすることで、自分らしく居心地のよさを広げていったのだと思われます。

こんな数奇な運命が待っているかもしれないからこそ、たとえピンとこなくても、とりあえずなんらかの仕事をする環境に身を置き、自分の興味や志向を検証してみるのも悪くないといえるのです。

# 「好きな仕事なら頑張れる」にも例外はある

会社に入って仕事をはじめてみて、どんなことをやらされても楽しくてしょうがない。ワクワクしながら毎日仕事に打ち込むことができるなら、それはあなたの「自分らしさ」と仕事での経験が完全に一致する、居心地のよい天職に出合ったということなのでしょう。もしそうであるなら、その道を燃え尽きるまで突き進めばよろしい。

しかし、これまでにもお話ししたように、就職するときには「居心地のよさ」とは一旦決別する覚悟をしなければなりません。それは、仕事に就いてからどんな居心地の悪さを経験するかは、ほとんど予想もつかないからです。

はじめから夢中になれる仕事に就くことができれば、「自分らしさ」と重なる経験が自ずと増えていくはずです。また、「自分らしさ」とは食いちがう経験をしたとしても、それを意味づけし、受け容れる余裕ももてるようになるかもしれません。そういう経験をくり返していくうちに、あなたはさらに居心地よく仕事ができるようになり、仕事の技量も上がっていき、やがて周囲に認められるようになるでしょう。

ならば、好きな仕事に就けたら順風満帆かといえば、必ずしもそうではありません。

# 第4章 とりあえず「やりたいこと」を仮説にしてみる

たとえば、その仕事が好きだと思って入社した明るく前向きな新入社員が、ヒラメ社員ばかりの職場に配属されたとします。するとその明るさや積極性が仇となり、仕事の技量とは関係のない側面で先輩や上司から妬み嫉まれ、陰湿ないじめに遭うといった話は、テレビドラマでも定番のストーリーです。人間関係では、このような自力ではどうにもならない側面に支配されることが、実はよくあるのです。

このこと1つを見ても、「好きな仕事ならどんな会社（環境）でも頑張れる」というのはまやかしです。そこで頑張って「自分らしく」働きつづけるにはそれを支えてくれる環境、つまりあなたの居場所があることが不可欠なのです。そこに自分を守ってくれる人や避難場所がなければ、精神的に潰れてしまいます。陰湿な連中は、そこを去るしか相手には逃げ場がないという弱みを徹底的に突いてくるのです。

1度きりの人生です。自分が潰れてしまうようなリスクを負ってまで戦う必要は1ミリもありません。職場に自分を守ってくれる人や避難場所がなければ、さっさと配置転換してもらうか、その会社を辞めてしまいましょう。そんな社員しかいない組織は、どうせ長つづきしないものだと、こちらから見切りをつけてやりましょう。

# ロールモデルを見つけ出す

明るくて前向きなのは新入社員として望ましい姿勢です。職場でかわいがってもらうことは職場に溶け込む第1条件なのですが、前述のように必ずしも万能ではありません。であるなら、職場に配属されてまずやるべきことは自明です。それは頼りになる自分のメンターを探すことです。もとより、そんな人を探す必要もないほどオープンで自由な雰囲気の職場であれば、それはそれでラッキーなのですが…

むしろ、そんなオープンで自由な雰囲気の職場なら、あなたが自己投影できるような憧れの先輩や上司がきっと見つかるはずです。そういう人をロールモデルにすれば、仕事を通じていつかは「なりたい自分」を、具体的にイメージしやすくなることでしょう。

私の場合は、学部卒で入社し、のちに博士の学位を取得した先輩社員に自分のイメージが重なるよう行動していました。この先輩に、「特徴のある仕事」を積み重ねていけば学部卒でも学位は取れる、と励まされたのがそのきっかけです。このときから、私は生涯「特徴のある仕事」にこだわりつづけることになったわけです。

人は誰かに頼られ、尊敬されると、その人に手を差しのべたくなるものです。あなたに悩みや不安があるなら、それらを打ち明けてもよいと思える人に相談してみましょう。あなたの勘が当たっていれば、その人は必ずあなたになんらかのアドバイスやヒントを与えてくれるはずです。頼れる人を探し、その人の背中を追っていけばよいのです。前人未到の山を登るよりも、誰かが開拓してくれたルートをたどるほうが、投入するエネルギーも失敗のリスクもはるかに少なく、また登頂の成功率もグンと高まるということです。

## 「できること」としての研究遂行能力、説明能力

みなさん学生の本分は学業です。したがって、エントリーシートや選考面接で、学業で身につけたことを「できること」として問われるのは当然です。大学でどのような専門能力を身につけ、どのような研究に取り組んでいるかが選考のうえで重要視されるのもそのためです。

企業が研究内容の説明を求めるときの視点は、つぎの2つに絞られます。1つ目は、自分の研究に対する明確な問題意識があり、その問題の解決に向け、研究を着実に遂行する

能力があるか、という視点です。これはおもに理工系の学生に求められます。理工系の学生が技術職・研究職を目指すなら、そうした職務に関連する専門分野の基礎知識や研究能力が問われるのは当然なのです。２つ目は、他者に向け、自分の研究を簡潔かつ論理的に、わかりやすく説明できる能力があるかという視点です。これは文理を問わず、説明能力をコミュニケーション能力の一部と見ているからにほかなりません。

この2点を重視するなら、研究内容の論理構造として、**図5**に示すような因果論理を軸にしたフレームワークをつかうと論理の座りがよくなります。

あとはこのフレームワークにしたがって、あなたの勉強してきたこと、研究してきたことを客観的に説明すればよいだけです。ここで主観を交える必要はありません。それはむしろ逆効果です。また、ここで自分の「やりたいこと」を登場させる必要もありません。あくまでも論理的かつ客観的に、学究の徒としての能力を示すだけです。

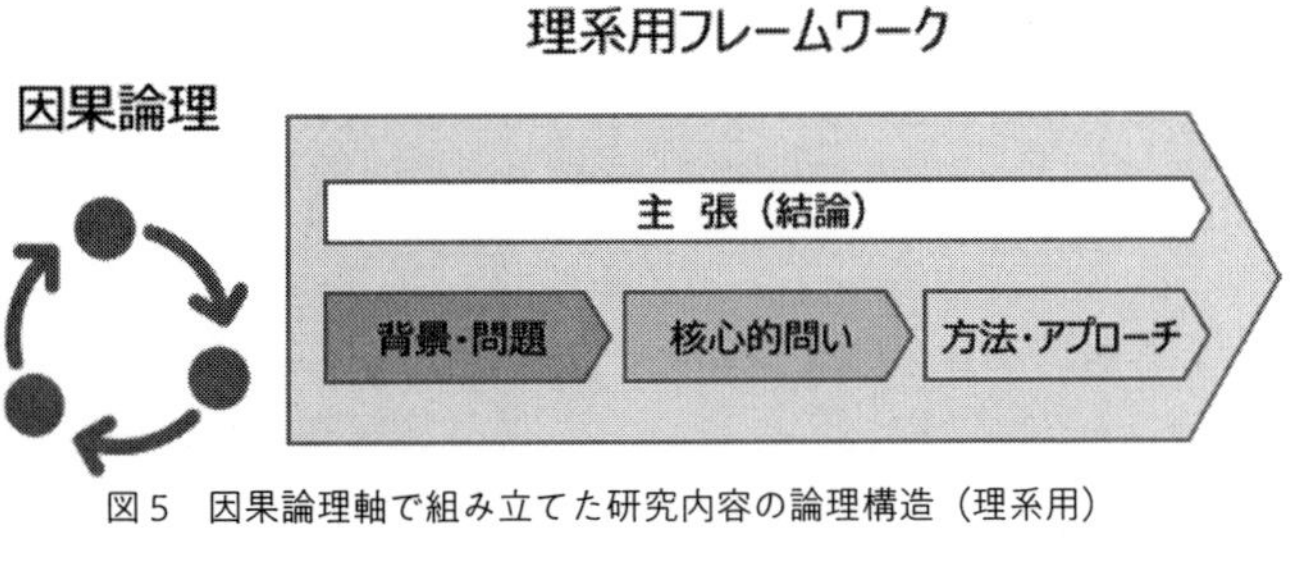

図５　因果論理軸で組み立てた研究内容の論理構造（理系用）

ここで、研究内容を訊きたい企業側の意図を前提に、**図5**のフレームワークにそって研究内容を説明するストーリーラインをまとめると、以下のようになります。

〈研究内容（理系）のストーリーライン〉

【主張（結論）】
・（ゼミや研究室での）自分の研究テーマを1センテンスで簡潔に説明する。
【背景・問題】
・その研究はどのような領域の問題をあつかっているのか、なぜその問題（問い）を明らかにしたいのか（目的）を、その問題意識にいたる背景を交え、その研究の重要性や学術的・社会的意義とともに簡潔に説明する。
・その問題（問い）にどのように答えようとしているのか（方法）を、具体的に示す。
【方法・アプローチ】
・この方法にオリジナルな考え方や工夫、ユニークなアプローチを取り入れ、期待成果や中間成果を示すことで、研究者としての能力をアピールする。
・今後、この研究をどのような視点、着眼点、問題意識、姿勢などをもって進めていきたいかを展望する。

ここで、理系の学生によく見られる注意すべき点を挙げておきます。それは専門的な核心部分を端折ってしまうことです。これは、どうせ説明したところでわかってもらえないだろうと読み手を見くびり、本質的な部分を表面的な説明で終わらせてしまうことからきていると考えられます。たとえばつぎのような研究内容です。

〈研究内容〉例

私は「低温で高効率な熱電変換材料の開発」をテーマに研究している。熱電変換は再生可能エネルギーの発生法の1つで、地球環境にやさしく、持続可能な社会に大きく貢献できる可能性がある。しかし既存の熱電変換素子では数百度以上の高温でしか実用的なエネルギー変換効率が得られないため、車のエンジンの排気口などの特殊な用途にその応用が限定されていた。そこで私は100℃以下の熱源でも高効率で熱電変換が可能な熱電変換材料の開発に取り組んでいる。このような熱電変換材料が実現できれば、温泉のような天然の熱源を利用した再生可能エネルギーの生成が可能になる。現在、100℃の温泉を毎分10L消費するだけで、1kWの電力を得るこ

とができる熱電変換材料を目指して取り組んでいる。（328字）

これでも一応は研究内容の説明になっていますが、研究者としての着眼点に鋭さや説得力が感じられません。どのような方針でこの問題を解決しようとしているのかが、まったくわからないからです。これでは読み手にフラストレーションを与えるだけになってしまいます。

そこでもう一歩踏み込み、熱電変換の本質に迫った研究内容にしてみたのが以下の例です。傍線で示した部分が書きあらためた部分です。

〈研究内容〉改善例

私は「低温で高効率な熱電変換材料の開発」をテーマに研究している。熱電変換は再生可能エネルギーの発生法の1つで、地球環境にやさしく、持続可能な社会に大きく貢献できる可能性がある。しかし既存の熱電変換素子では数百度以上の高温でしか実用的なエネルギー変換効率が得られないため、車のエンジンの排気口などの特殊な用途にその応用が限定されていた。そこで私は熱い電子と冷たい電子の拡散速度のちがいに着目し、常温でもその差が大きい材料の開発を進めている。この差が大きいほど大きな熱起電力が生じると理論的に予想されているためである。このような熱電変換材料が実現できれば、温泉のような天然の熱源を利用した再生可能エネルギーの生成が可能になり、熱電変換の用途が大幅に広がるものと期待される。（３３４字）

右の例では熱起電力を発生させるゼーベック効果という物理学での専門用語をつかうことなく、その原理を説明しています。また、原理的なことに着眼しているからこそ、この研究の筋のよさを強く訴えることにも成功しているといえるでしょう。

理系の研究内容を書くポイントは、専門外の人にもわかりやすい言葉で本質的な科学的根拠を示し、それに納得してもらうことです。読み手を素人と侮り、表面的な説明で終わらせないことです。たとえ読み手が文系出身の門外漢であったとしても、中学の理科くらいの素養はあるはずです。そういう人にも研究の本質的な目的をきちんと伝えることができれば、なぜこの研究をしているのかや、なぜそのような方法でアプローチするのかを正しく理解してもらうことはできるのです。

## テーマが決まってなくても「研究内容」は書ける

エントリーシートを書く時期を考えると、修士1年なら修士論文のテーマの絞り込みの段階。学部3年ならゼミで身につけた研究の基礎力をもとに、卒業研究の研究室や卒業研究のテーマ選定に移行する時期になります。このため「まだ研究テーマが決まっていない」とか「まだ研究の成果が出ていない」といった相談が多く寄せられます。とくに、研究遂行能力の訴求にかかわる研究方法、工夫、アプローチはお手上げということになってしまいます。

たとえそうであったとしても心配無用です。就活生は皆おなじ条件ですし、まだ研究に着手していなくても、研究内容として書けることはいくらでもあるからです。その書き方をこれからお話ししましょう。

仮に研究テーマがまだ決まっていないとしても、あなたはすでにいずれかのゼミか研究室に所属していることと思います。ならば、なぜそのゼミ（または研究室）を選んだのでしょう。そのゼミでは、どのような分野のどのような研究をしているのでしょうか。そのゼミの指導教官はどんな問題意識でそのゼミの課題やテーマを選んでいるのでしょう。つまり、ゼミの指導教官はなぜそのような研究課題や研究テーマが重要だと考えているのかを思い起こしてみるのです。

およそどのような研究にも、なんらかの問いや明らかにしたいことがあり、その問いに答えたり、明らかにしたりすることで、学問や社会の発展に貢献するという明確な目的があります。これをあなた自身の研究という狭い範囲でとらえるのではなく、ゼミや研究室という大きな枠組みでとらえ直してみましょう。こう考えれば、あなた自身はその問いを究明していくことの意義を言えなくても、指導教官なら言えるはずです。なぜなら、これが言えないなら、大学の教員ではあっても、研究者とはいえないからです。研究者としての自覚がある指導教官なら、その研究を進めた結果、なんらかの問いの答えが得られたり、なにかが明らかになったりした暁に、学術的あるいは社会的に、あるいは人類の英知の拡大にどのように貢献できるのか、という期待効果もご存知のはずです。

したがって、あなたのやるべきことは、ゼミや研究室のあつかう研究領域の背景や研究目的を指導教官に素直に教えてもらう、ということになります。ここは指導教官に「就活でエントリーシートに200字ほどでまとめないといけないので…」とお願いしてください。これを自分の研究の背景として語れば、テーマと問題意識を書くところまではクリアできるはずです。

ここまで書けたら、いよいよ自分の研究に踏み込みます。とはいえ、具体的にはまだなにも研究をやってはいません。そこで研究方法、工夫、アプローチの代わりに、ここまで書いた研究の大きな枠組みに対して自分のもつ問題意識や、この問題意識から導かれる新たな課題を提起してみましょう。ここからが研究者としてのセンスや個性を見せる部分になり、理系のフレームワークと異なるところです（**図6**）。考えてもわからないときは、指導教官の問題意識を借用しましょう。あとは、その問題意識から今後どのように研究を進めていきたいか、という研究の方向性や方針で締めくくれば完成です。

以上のように研究テーマが決まっていないときや、研究の成果が出ていないときの研究内容のストーリーラインを、**図6**のフレームワークにそって整理すると、以下のようになります。

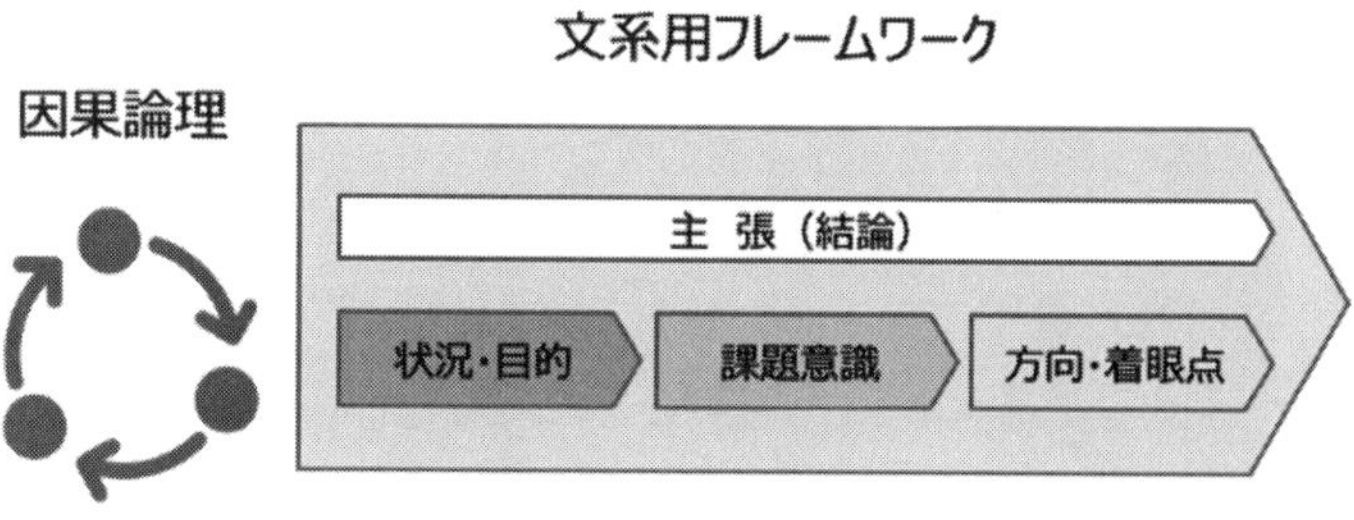


図6　因果論理軸で組み立てた研究内容の論理構造（文系用）

〈研究内容（文系）のストーリーライン（テーマ未着手）〉

【主張（結論）】

・ゼミや研究室のテーマを自分のテーマとして1センテンスで簡潔に説明する。

【状況・目的】

・その研究はどのような領域の問題をあつかっているのか。

【課題意識】

・そのなかで、なぜその問題（問い）を明らかにしたいのか（目的）、その問題意識にいたる背景を、その研究の重要性や学術的・社会的意義とともに簡潔に説明する。

・研究の枠組みに対して自分のもつ問題意識や、この問題意識から導かれる新たな課題を提起する。

【方向・着眼点】

・今後、この研究をどのような視点、着眼点、問題意識、姿勢などをもって進めていきたいかを展望する。

## 〈研究内容〉を書いてみよう

では未着手の研究をどう書いていくのかを、具体例でいっしょに考えてみましょう。ここではスポーツ栄養学のゼミに所属する仮想上の学生を想定しています。なお、例文中には説明のための番号と傍線を追加しています。

〈研究内容〉

私の所属するゼミでは①トップアスリートから最高のパフォーマンスを引き出すための栄養管理のあり方について研究している。②アスリートが試合本番で最高のパフォーマンスを出すには、運動、休養、栄養の3つの要素のバランスをとることで身体をベストコンディションにもっていく必要がある。③こうした研究はアスリートのパフォーマンス向上に寄与するだけでなく、人びとの健康な身体づくりや健康寿命の伸長に貢献できると期待されている。これらの研究は試合に向けて長期間準備をする漸進的アプローチであるが、マラソンのような④持久戦では、試合中にトップパフォーマンスをどれだけ維持できるかというその場的アプローチも課題になる。そこで私は⑤試合中に摂取する栄養補給ドリンクに着眼し、漸進的アプローチで期待されるトップパフォーマンスを維持するための最適な栄養補給ドリンクの配合と補給頻度を明らかにすることに取り組んでいる。（３９３字）

この内容を振り返ると、まず①ではゼミ全体の大きな研究テーマを自分ごとのように宣言しています。②は研究の目的、つまり明らかにしたいことです。③ではこの研究の目的が達成されたときの社会への波及効果に言及しています。そして、この研究に対する本人の問題意識を④で挙げ、その問題に取り組んでいくうえでの本人の着眼点を⑤で掲げています。ここで本人の研究に向かう姿勢の独自性を訴え、最後に今後の具体的取り組みを示し、研究の方向性を打ち出しています。

いかがでしょうか。ここで注目すべきは、これを書いた本人はまだなにも研究成果を出していないし、研究に着手すらしていないところです。

では、みなさんもやってみてください。所属するゼミや研究室のあつかう研究領域を自分の研究の背景として語り、その研究に対する自分のもつ問題意識を示すことで自分の研究を絞り込み、今後の進め方で締めくくってみましょう。

ゼミ・研究室での研究内容

## 研究内容にゼミでの活躍は盛るべきか

エントリーシートに研究内容を書くときは、設問の趣旨を取りちがえないことも重要です。設問が「あなたの研究テーマを説明してください」だけなら、研究の内容を簡潔・明快に、学術論文の要約（アブストラクト）のように客観的に書くべきです。このとき、研究内容を無理に志望先の仕事に結びつける必要もありません。

ここで、文系のゼミに所属する人にありがちなパターンを1つだけ指摘しておきます。それは、ゼミなどの研究チームのなかでの自分の役割や周りのメンバーへの働きかけを中心に書いてみました、というものです。たとえば、メンバーの意見がばらばらでテーマが1つにまとまらないという課題を、自らメンバー1人ひとりから話を聴く場をもち、それぞれの立場や思いを受け容れ、理解し、意見をとりまとめていくことで解決した、というような話です。

たしかにチームのなかでのあなたの役割や働きかけが、研究を進めるために必要であったのでしょうし、あなたはそういう行動をとるように努力もしたのでしょう。しかし、これらはあくまであなたの行動力のアピールです。学問を追求する者としての、あなたの学術的な問題意識のもち方や、問題解決に向けたアイデアの着想・工夫のユニークさ、あなたなりの思考方法は、なにも訴えてはいないのです。

このように自分が学んだことや、チームとして頑張ったこと、自分の果たした役割などを、主観を交えて書くのは、これらのことが設問で求められている場合に限ります。たとえば「ゼミ活動であなたの得たもの」や「ゼミ活動でのあなたの役割について」といった設問です。

こうした設問には、あなたの強みの発揮のし方や、あなたの行動特性を知ろうとする意図があります。つまり、エピソードをゼミ活動や研究活動に限定しているだけであって、企業側の知りたいことの核心はいわゆる「ガクチカ」や「自己ＰＲ」でのそれと変わりはありません（ガクチカの書き方についてはのちほど紹介します）。そのときは自分の活躍を存分に語ってください。

研究内容を書くときは、設問の意図を十分に理解しなければならないということです。

## 経験から業界との接点を探る

どういう業界で働いてみたいかということを、その業種への興味を中心に、自分の実体験を引き合いに出して語ることができる人は多いと思います。

たとえば旅行業界やホテル業界を目指すなら、自分が旅行したりホテルを利用したりしたときの感動的な体験をきっかけに、そういう仕事に興味をもつようになった、あるいはそういう感動をもっと多くの人に体験してもらいたいと思うようになった、といった具合です。

金融業界を目指す人なら、父親が商売で資金繰りに困っているときに、地元の信用金庫が助けてくれたような話や、保険業界を目指す人なら、家族が病気になったときに、保険会社が力になってくれた、といった話もよく聞きます。

アルバイトでの経験でよくあるのは、お客様やスタッフなど、人との信頼関係を構築することの大切さや、そのスキルを学んだことから、これらの経験を営業や接客の仕事に活かせると思うようになった、などの話です。

私も幼いころからプラモデルの組み立てに熱中し、戦闘機や戦艦をいくつもつくっては壊していました。極めつけはエレキットという電子工作盤です。付属の回路図を見ながらゲルマニウム・トランジスタを他の部品とジャンパー線でつなぎ、イヤホンからラジオ放送が流れてきたときの感動はいまでも忘れられません。なるほど、こんな工作少年なら、エンジニアしか適職はなさそうです。

みなさんも、仕事をする大人に助けられたり、お世話になったりした経験や、自分がなにかを成し遂げて、周りに喜んでもらったり、認めてもらったり、達成感でひとり悦に入ったりした経験があるのではないでしょうか。そんな身近な大人たちの仕事や、認めてもらった自分の行動、悦に入った自分の特技を活かせる仕事を自分がやってみるなら、どんな業界で活躍できそうかは、いくつか挙げることもできるのではないでしょうか。

たとえば、アルバイトでの経験から営業や接客に向いていそうだと思えるなら、あらゆる業界を選択肢にできそうです。どんなビジネスも、まずは顧客との接点からはじまるからです。

## 優位動機から考えてみる

なかには、仕事をする大人を間近に見たこともないし、なにかをやり遂げたと言えるような経験もない、サークルや部活動にも参加してないし、アルバイトもやったこともない、勉強も自慢するほどはやってない、という人もいることだと思います。

そういう人は、強み・弱みの分析でつかったマクレランドの優位動機から仕事を考えてみるという手があります。

自己の行動特性を支配する達成、パワー、親和、回避という4つの基本的な動機のうち、あなたの行動特性(〜「自分らしさ」)にはどの動機が優位に反映されているのでしょうか?ここでは、この優位動機をシャインのキャリアアンカーに結びつけることで、「やりたいこと」の仮説を立ててみることにしましょう。

MIT名誉教授のエドガー・シャインは、職業についての「自分らしさ」をキャリアアンカーという言葉に投影しました*。キャリアアンカーとは、自己の才能・能力(できること)、仕事への動機・欲求(やりたいこと)、そして仕事にどんな意味や価値を置いているのか(それはなぜか)という3つの心理的な要素を統合した「自分らしさ」を指します。

第4章　とりあえず「やりたいこと」を仮説にしてみる

このキャリアアンカーは「自分らしさ」の特徴毎に8つに分類されていて、仕事の経験を通じて内面的に確立されていくものとされています。

たしかに、才能・能力は仕事に就いてから身につけ、磨き、開花させる部分が多いように思われます。仕事への意味や価値も、仕事の経験を積み、あとづけで自分にそれらを言い聞かせるという要素が多いのではないでしょうか。しかし動機・欲求は、長年にわたって育まれてきた優位動機と折り合えるものであるほうが、才能開花への努力も、仕事への意味づけもやりやすくなるように思えます。

そこで、優位動機と結びつきやすいキャリアアンカーを、その特徴とともに**表4**にまとめてみました。モデルとなる大人に出合ったこともとくになく、なにかに打ち込んだという実感もなく、やりたいことがわからなくても、自分の優位動機さえわかっていれば、どんなキャリアアンカーをもつことが「自分らしい」のか、そしてそれがどのような仕事や業界に結びつくのかを、この表からある程度推し量ることができると思います。

みなさんも、**表2**で検討した優位動機をもとに、「自分らしい」キャリアアンカーとはどんなものかを、**表4**を指針に検討してみましょう。なるほど、やっぱり、と納得できることもあるでしょうし、自分ではあまり意識していなかった意外な側面に気づくこともあるかもしれません。

＊エドガー・H・シャイン「キャリア・アンカー ― 自分のほんとうの価値を発見しよう」金井寿宏訳、白桃書房（2003）

表4　優位動機とキャリアアンカー

<table>
<tr><th>優位動機</th><th>キャリアアンカー</th><th>特　徴</th></tr>
<tr><td rowspan="4">達成</td><td>専門職・職能的コンピタンス（スペシャリスト）</td><td>得意とする才能や能力を発揮し、活躍することに自己の存在意義を感じる。</td></tr>
<tr><td>自立・独立（フリーランス）</td><td>組織からの束縛を嫌う。自分のペースででき、自分の納得できる仕事を優先する。</td></tr>
<tr><td>起業家的創造性（スタートアップ・ビジネス）</td><td>夢を実現するために新しい事業を起こし、成功を強く希求する。</td></tr>
<tr><td rowspan="2">純粋な挑戦<br>（チャレンジャー）</td><td rowspan="2">手強い相手との競争に勝ったり、高い壁をのり越えたり、困難な問題を解決することに意味がある。</td></tr>
<tr><td rowspan="2">パワー</td></tr>
<tr><td>全般管理コンピタンス<br>（マネージャー）</td><td>責任のある地位に立ち、リーダーシップを発揮して組織を成功に導く。</td></tr>
<tr><td rowspan="2">親和</td><td>奉仕・社会貢献（ホスピタリティ、ボランティア）</td><td>よりよい世の中にしたいという使命感、価値観をもつ。</td></tr>
<tr><td>生活様式（ワーク・ライフ・バランス）</td><td>仕事と私生活のバランスのとり方が柔軟で、いずれのニーズも満足させる。</td></tr>
<tr><td>回避</td><td>保障・安定<br>（大企業、公務員）</td><td>安全で確実な未来を好み、不安の少ない生き方を好む。</td></tr>
</table>

## やりたくない順から消していく

自分の経験を振り返っても「やりたいことがまったくわからない」というときは、「やりたくない仕事」を消去していく、という手をつかってみることもできます。

私が学生のときに経験したいくつかのアルバイトのなかの1つに、液晶ウォッチ用のガラスパネルをアルコールで拭きあげる、という作業がありました。ナトリウム灯で照らされ、空調の効いたクリーンルームのなかで、3センチ四方のガラスパネルを何千枚も、脇目も振らず、ただただ磨きつづけるのです。私はこのアルバイトを2日で辞めました。

そうしたのは、その作業の意味や価値が理解できなかったからです。拭きあげるべきガラスは整然と並べられ、見た目もきれいで、汚れなど見当たりません。にもかかわらず、アルコールを含ませたガーゼで、まるで儀式のように表面と裏面を数回丁寧に拭くのです。汚れたものがきれいになるなら少しは達成感らしきものも味わえたかもしれませんが、それすら感じられない。おカネをもらえるからといって、なんのためにやるのかもわからず、こんな作業をつづけるくらいなら、家で勉強していたほうがよほど楽だと、このときは真面目にそう思いました。この経験は私に、意味や価値がわからない仕事をつづけることの辛さを教えてくれたのです。

こんなふうに、自分にとって居心地の悪い、我慢できない仕事や企業があるとしたら、それはどんなものかを「自分らしさ」に照らして考えてみるのです。たとえば、以下のようなことが挙げられます。ここでは自分の希望や都合、正しい、正しくないで考えるのではなく、「自分らしさ」を保つうえで、自分がどうしても我慢できないこと、耐えられないことだけに絞ることがポイントです。

- 残業が多く、帰りが深夜になるような仕事
- 休日が平日の仕事
- データの入力作業などのルーチンワーク
- ノルマを課せられる仕事
- 暇すぎる仕事
- 誰も知らないような小さな企業
- 出産・育児休暇などの制度が脆弱な企業
- 女性幹部社員が少ない企業

# 第4章 とりあえず「やりたいこと」を仮説にしてみる

- 研修制度がない企業
- 産業医がいない企業
- 意味や価値が理解できない仕事
- 従業員のキャリア形成に消極的な企業

これらはあくまでも一例です。こんなふうに、自分がどうしても我慢できないこと、耐えられないことを書き連ねてみたとき、ホームページのようなパブリックな情報からその企業の実情を判断できることもありますが、その**企業の内情を知っている人でないとわからないこと**のほうが圧倒的に多いはずです。**そういう情報をとれる数少ない機会が企業説明会やインターンシップ、あるいはOB・OG訪問**です。

このことからも、「やりたいこと」がわからない人ほど行動することが必要だといえます。それが「とりあえず」就職するためであるにしても、です。

また、消去法でも「やりたいこと」が浮かんでこなかったとしても、焦る必要はありません。やりたいことがわからずに焦っている人の多くは、周りの就活生の進み具合や、企業のスケジュールなど外的状況と自分とを比較し、滅入ってしまうことが多いものです。でも卒業までまだ半年から1年もあると考え、とにかく行動しましょう。年が明けても頑張って就活をつづけている4年生はいくらでもいます。いき詰まったら、大学のキャリア支援室を訪ねましょう。必ず相談にのってくれるはずです。行動すれば道は開けます。

とにかく、どんな仕事なら多少居心地が悪くても頑張れそうか、自分の心の内に尋ねてみましょう。このとき、**どうしてもやりたくないことさえ外しておけば、多少の居心地の悪い企業や仕事であっても耐えていける**はずだと、逆説的に自分をマインドコントロールしていけばよいのです。こう考えるだけで、頑張れそうな仕事の選択肢は格段に広がるはずです。

## とりあえず「やりたいこと」

ここで、この章で考えてきた自分の専門分野や専門知識、働く人たちと接した経験、得意だと経験的に思えること、優位動機、やりたくないこと、企業説明会やインターンシップでの仮説の検証などを踏まえ、あらためて自分が「やりたいこと」をとりあえず考えてみましょう。「とりあえず」仮説として、列挙していくのです。

この仮説は、これ以降何度書き換えても、またその順位を組み換えてもかまいません。

# 第4章　とりあえず「やりたいこと」を仮説にしてみる

仮説をインターンシップや企業説明会、ＯＢ・ＯＧ訪問などで検証していくうちに、やっぱりちがうな、というのはよくあることです。やっぱりちがうなと思ったら、その都度あらためて仮説を立て直せばよいのです。つぎはどんな仮説ならうまくいきそうかを、また考えればよしとしましょう。

たとえば、子どものころからの憧れの職業に就きたいとか、憧れの企業で働きたい、という具体的な希望があるなら、それを書いてみましょう。

医師、看護師、教師、弁護士、パイロットのような専門職に就くには、大学ですでにそういうコースを選択していることが望まれます。しかし、航空会社の客室乗務員や、ゲームクリエーター、ＩＴエンジニア、記者や編集者などは、特定の資格要件がないので、意欲と能力さえあるなら、いまからでも憧れの仕事として手にできるかもしれません。

それでとりあえず憧れの仕事に就けたとしても、プロになるには最低1千時間、達人になるには1万時間の習熟が必要だといわれています。ただし、その覚悟をいまもつ必要はありません。あなたが「やりたいこと」の仮説を入社した企業で検証してみて、その選択に納得し、プロになりたい、達人になりたい、と思ってからはじめても十分に間に合います。大学での4年間にくらべれば、これからの職業人生はその10倍以上もあるのですから。

〈仮説〉とりあえず「やりたいこと」

第5章

# 志望動機をどうつくり出すか

# 企業選びは「自分らしさ」を発揮できる条件を

企業を選ぶとき、給与や勤務時間、福利厚生などの待遇面はあなたにとって重要なポイントかもしれません。しかし、企業側にしてみれば、ニンジンにつられて走る馬よりも、企業の解決したいこと、成し遂げたいことに自ら進んで取り組み、引っ張ってくれる馬のほうがありがたいことは明らかです。したがって、ほんとのところは待遇面や知名度でその企業を「とりあえず」選んだのであっても、採用選考では自分の仕事に対する考え方を軸に選んだと言い張ることが重要になります。

このとき、仕事に対する考え方の根幹をなすのが、これまで何度も振り返ってきた「自分らしさ」です。そして、この「自分らしさ」を発揮して活躍していくには、どのような場でなければならないか、という企業に対するあなたの要求スペックが、あなたの企業選びの軸になります。したがって、企業選びの軸を志望先に合わせる必要はありません。自分が企業を選ぶにあたって譲れない条件を整理しておけばよいのです。

ここでヒントになるのが、前章で考えた優位動機です（**表4**）。**表5**にそれぞれの優位動機と結びつきやすい仕事に対する価値観やこだわりのようなものを、仕事選びの軸の例としてまとめてみました。

私の場合、優位動機はまちがいなく達成動機だと思っています。企業で研究者としての道を歩み、企業を離れたあと、いまは独立して個人事業を営んでいます。前者のキャリアは専門職・職能的コンピタンスというキャリアアンカーに、後者は自立・独立というキャリアアンカーに対応していると考えられ、いずれも達成動機が強く影響します。

私のように達成動機が優位動機の場合は、**表5**の例に示すような、夢、成長、挑戦、成果などのキーワードが入った仕事選びの軸が考えられます。他の優位動機についても、それぞれ可能な仕事選びの軸をこの表にまとめているので、みなさんも参考にしてみてください。

表5　優位動機と仕事選びの軸

| 優位動機 | 仕事選びの軸の例 |
|---|---|
| 達成 | ・自分の夢や興味にしたがって仕事ができる。<br>・自己実現や自己の成長を感じることができる。<br>・挑戦の結果としての失敗は許される文化がある。<br>・自分の貢献や成果が見える仕事。 |
| パワー | ・自分の成果に相応しい報酬が得られる。<br>・責任のある地位や立場で仕事ができる。<br>・仕事の裁量権が与えられる（任せてもらえる）。 |
| 親和 | ・チームワークや協働によって達成できる仕事。<br>・世の中の役に立っていると実感できる仕事。<br>・プライベートな生活と両立できる仕事。 |
| 回避 | ・コンスタントに成果を出していける仕事。<br>・ミッションが明確で、不安なく進められる仕事。 |

## 企業選びの軸

では、あなたが企業を選ぶうえで、譲れないことを以下に箇条書きにしてみましょう。カギは、あなたが「自分らしさ」を発揮するときの優位動機です。

〈仮説〉企業選びの軸

・
・
・
・
・

## 「実現したいこと、達成したいこと」を書くヒント

前章で、とりあえず「やりたいこと」を仮説として想定してみました。ここからは、その「やりたいこと」の先にある「実現したいこと、達成したいこと」を考えていきます。それはあなたが、その「やりたいこと」をとおして実現したいこと、あるいは成し遂げたいことです。

そんなことを訊かれても、仕事そのものもやったことがないのに、その先にあるやり遂げたいことなんてもっとわからない、と言いたくなるにちがいありません。それは当然で、ふつうのことです。それにもかかわらずこの手の設問がエントリーシートや面接では結構あるのです。たとえば「入社してやりたい仕事と、仕事を通じて成し遂げたいこと、およびそれぞれの理由」のような設問です。

このような問いに、自分と自分の周りのこと、自分の経験だけを頼りに答えようとすると、なかなか答えにたどり着くことができません。なぜなら、この設問の裏には、当社の社員になって10年、20年経ったときに、あなたはどのような姿になっていたいですか、という問いが隠されているからです。この隠された問いに答えるということは、この企業の

社員として10年、20年後に成長した自分像を描いてみることにほかなりません。これはかなり難易度の高い設問です。しかし、まったく回答不能でもないのです。少しばかり創造力を働かせると、答えのカギが見えてきます。それは**「ビジネスパーソンとしての成長」**です。

## 自己の成長を企業の成長にチューニングする

企業活動とは、モノやサービスとして顧客に実感される価値を顧客に届けることでその対価を受け取り、その価値を再生産し、拡大・普及を図る行為です。この企業が価値を再生産し、これを拡大・普及させるという循環サイクルには、おカネが血液のようについてまわります。企業がつねに成長を目指す理由はここにあります。成長をあきらめた企業は、泳ぐのをやめたマグロのように血液であるおカネが巡らなくなり、死を待つだけとなるのです。

この心肺停止から逃れるために、企業はつねに成長を目指す宿命にあります。そしてどの企業も、**自社を成長に導いてくれそうな、未来を託せる有望な社員を採用したい**のです。

このように考えると、この企業での10年、20年後の「ビジネスパーソンとしての成長」とは、企業の成長とともに、あなたもおなじ方向を向いて成長を遂げている姿のことになります。

したがって、**自己の成長がその企業の成長とおなじ方向にあることが言えれば、これがその企業を志望する強い動機になる**ことがわかります。だから、**志望する企業が考えている成長の方向をつかむことが、志望動機づくりには欠かせない**のです。

それでは、どのようにして自己の成長の方向を企業の成長の方向にチューニングしていけばよいか、その具体的方法を考えていくことにしましょう。

## 企業のビジョン・成長戦略は調べればわかる

たとえば「やりたいこと」の仮説として営業職を選んだとします。でもこの段階ではまだ具体的には志望する企業も、営業職として「実現したいこと、達成したいこと」も決まっていないとします。それでも、いくつか自分で納得できそうな企業にエントリーシートを出すなら、志望動機でなにをどう訴えればよいのでしょうか。

こんな場合によくあるのが、

- 貴社の、お客様第一に考える姿勢に惹かれたからです。
- 企業説明会で、お客様に寄り添って考えることで、お客様にとって最適な提案ができる営業を目指していると聞いたからです。
- お客様との信頼関係構築を第一に考えて営業活動をされているからです。

のような志望動機です。

これらの例にはいずれも2つの問題点があるのですが、どこがそうなのかお気づきでしょうか。

1つ目はいずれも、どんな企業の営業志望でも通用する内容である点です。なぜこの企業なのかという決め手がどの動機からも感じられません。

2つ目は、いずれもその企業に惹かれた理由を述べているだけで、自分はどうしたいのかという意思が見られない点です。

この2つの問題点を解消するには、**この会社でならできそうだと考えた「実現したいこと、達成したいこと」を訴える**のが効果的です。これならその企業の「実現したいこと、達成したいこと」とあなたの「実現したいこと、達成したいこと」との間に接点が生まれます（**図7**）。「実現したいこと、達成したいこと」とはあなたが、「やりたいこと」をとおして実現したいこと、あるいは成し遂げたいことです。しかし、いまの時点でこれらを具体的に語れるほど、その企業での仕事のイメージはもてていないことでしょう。だから「お客様第一の営業」とか「信頼関係を大切にする営業」といったような抽象的なことしか言えないわけです。

しかし、抽象的ではあるにしても、その**志望先で「成長した自分」を仮説としてつくり出す**ことは可能です。それは、その**志望先で「やってみたい仕事をとおして実現したいこと、あるいは成し遂げたいこと」を達成できたときの自分のイメージ**にほかなりません。

そのイメージは、自分の「実現したいこと、達成したいこと」を、その企業のビジョンや成長目標そのものに重ねてみると必ず見えてきます。なぜなら、あなた自身の「実現したいこと、達成したいこと」はまったくわからなくても、ちゃんとした企業なら、どんな企業もビジョンや成長目標は明確に公言しているからです。そしてこれらは、あとで述べるように、容易に知ることができます。

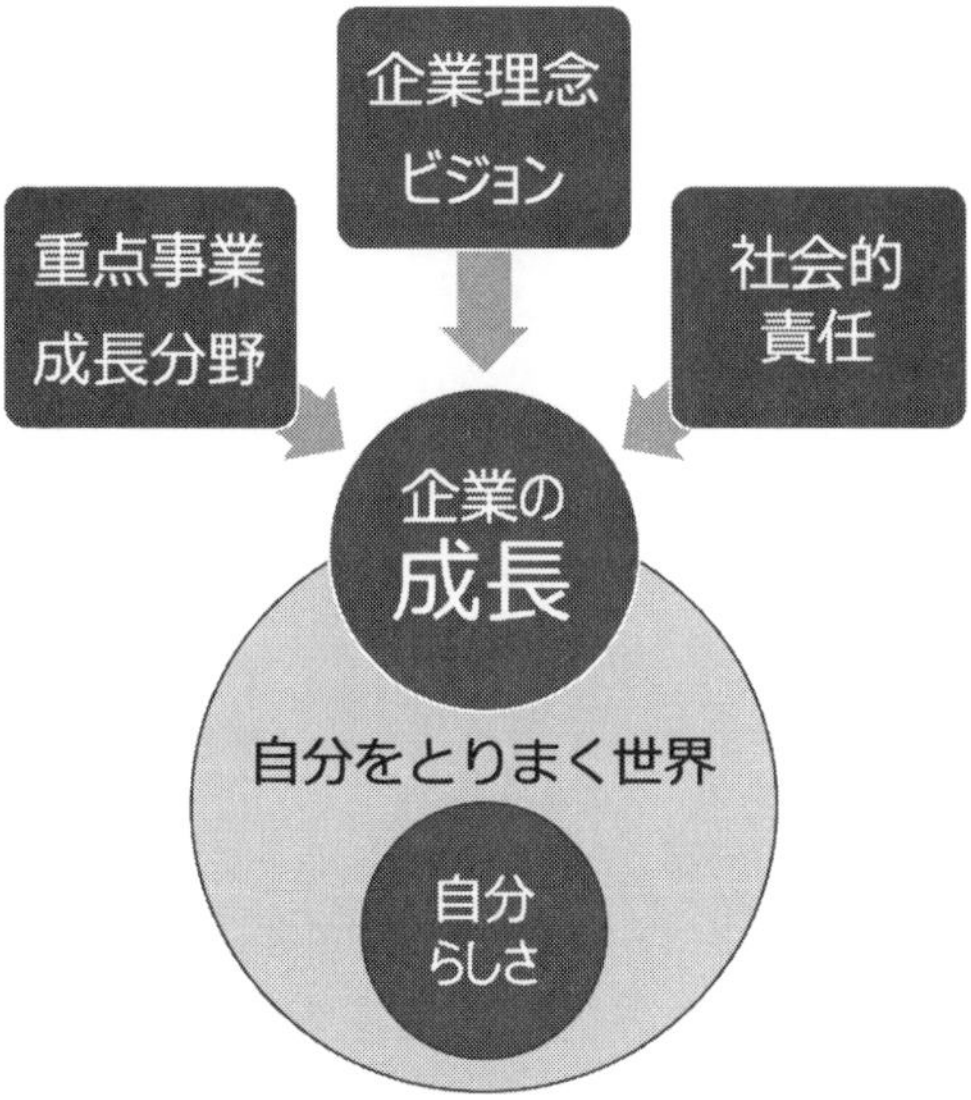


図7　企業との接点

これがわかれば、**志望する企業のビジョンや成長目標をあなたの「実現したいこと」に重ねるだけで、達成したいこと、あなたの成長目標は明確にできる**のです。あとは、この成長目標をあなたなりにどう達成したいのかを仮説で語ればよいのです。この仮説が言えれば、それを達成したあなたの姿が、志望する企業での「成長した自分」のイメージになるのです。

## 企業研究で志望動機をつくり出す

企業のビジョンや成長目標をあなたの達成目標にしてしまえば、志望動機としてつかえそうなネタをたくさん掘り起こすことができます。そんなネタがごろごろ転がっているのが、各企業のホームページにある「投資家向け情報」あるいは「ＩＲ情報」といわれるものです。

企業情報のホームページで学生のみなさんがよく訪れるのは「採用情報」のページだと思います。ここからは、その企業にどのような仕事や職種があるのか、それぞれの仕事にどのようなやりがいがあるのか、そしてどのような人材が求められているのか、といった情報を得ることができます。

一方「投資家向け情報」は、企業が投資家に向けて投資、つまり資金提供をうながすことを目的としています。投資家は当然リターンを期待しているので、企業はこのページをつかって将来リターンの増大が期待できますよ、成長性のある企業ですよ、といったことを投資家にアピールする必要があるのです。

そのために、企業は過去の業績の推移をエビデンスにしたり、これから重点的に取り組んでいく事業分野の成長性について語ったりすることで、投資家を惹きつけようとします。しかもその情報は、その業界に詳しくない一般の投資家にもわかりやすく書かれています。つまり、学生でも理解できるというわけです。

「投資家向け情報」はまず、その企業のトップからのメッセージではじまるのが通例です。そこにはその企業の理念やビジョン、成し遂げたいことがコミットされています。

たとえば、イノベーションを通じて社会の発展に貢献することを経営の基本理念としている企業があるとします。もしあなたが、この企業理念は悪くないなと思えたなら、自分がこの企業でのイノベーションに寄与できるとしたら、なにができるか、と問うてみることができます。

この問いに答えるには、この企業のいうイノベーションとはどのようなものかを知る必要があります。そこで、企業情報のトップメッセージや企業紹介、企業の歴史のページから、これまでにどのような画期的な商品やサービスを創出してきたのかを調べてみることにします。

その結果、いくつかのすばらしいイノベーションを見出せたなら、それらがいま現在のその企業のどの事業と結びついているのかもわかるはずです。そして、それぞれの事業が、その企業の売上主力事業セグメントの何番手に位置づけられているのかも投資家情報からわかるはずです。

さらに、それぞれの事業の勢いも、過去からの業績の推移を見ればわかります。いまは売上1番手の主力事業であっても、ここ数年は衰退気味かもしれません。これとは逆に、3番手、4番手の事業であっても、近年、急速に売上が伸びつつあるかもしれません。

たとえば、日本を代表するエレクトロニクスメーカーであるソニーの2020年度第2四半期の決算資料*を見ると、テレビやスマホを中心とする主力のエレクトロニクス分野の売上は、近年減少傾向にあり、ゲーム・エンターテイメントが主力事業として世代交代を果たしていることがわかります。一方、スマホのカメラの目になるイメージセンサーは4番手から3番手に届きつつある営業利益率20%以上の絶好調事業であったのが、米中貿易摩擦のあおりを受け、ファーウェイへの出荷停止で失速しています。

赤字事業も見過ごせません。とくに、新規事業は赤字でスタートすることが多いものです。赤字の事業でも、売上がどんどん伸びているなら、将来大きな事業に化ける可能性があります。アマゾンは創業以来10年近くまではずっと赤字でしたし、いまでも営業利益率は0~数パーセントです。にもかかわらず、株式の時価総額は世界4位なわけです。事業が急成長するときは売上も急増するが、出ガネも大きいということです。

ここまで調べることができれば、その企業の強みや弱み、あるいは事業の課題が見えてくるはずです。たとえばソニーなら、コロナの終息がまだ不透明なことから、ゲーム・エンターテイメントの巣ごもり消費は当面堅調と予想されますし、イメージセンサーはファーウェイに代わる大口顧客が見つからなければ、当面浮上は難しいと考えられます。

このようにして企業の事業分野毎の勢いと課題を分析できたら、**「この企業に寄与できるとしたら、なにができるか」という問いに仮説ベースで答えてみる**ことができます。このとき、自分はその企業の強みにのってその事業を発展させたいのか、それとも弱みを立て直すような貢献がしたいのか、どの立ち位置なら「自分らしく」それぞれの事業課題を解決していけそうなのかを、これも仮説として考えてみましょう。

戦略的な目のつけどころとしては、3番手、4番手の新規事業か、赤字事業です。そんな事業に着目できると、企業の看板事業だけでなく、3番手、4番手や赤字の事業まで真剣にこの企業のことを研究していることの証左になります。これに、経営トップのメッセージなどから読み取った、これらの事業への入れ込み具合もエビデンスにすれば、さらにあなたの熱意が伝わります。

＊ソニー：https://www.sony.co.jp/SonyInfo/IR/library/presen/er/pdf/20q2_sonypre.pdf

いかがでしょうか。単にその企業の1番手の看板事業を褒め、そこを志望するのではなく、3番手、4番手や赤字の事業の課題を取り上げ、そこに自分の強みを活かしていきたいという、いわば大名行列の脇腹を突く桶狭間戦略で志望動機をつくってみるのです。多くの学生はこうした視点はもっていないので、挑戦してみる価値は大いにあるということです。

## 他社にはない価値にとらえなおす

桶狭間戦略のもう1つの方法として、ここでワンランク上の価値を提案する方法を紹介しておきます。

顧客に届ける価値はモノであったりサービスであったりするのですが、その価値が、他社には提供できないようなものであればあるほど、その企業は社会的重要性や市場競争における優位性を確立しやすくなります。

そこで、**志望する企業が提供している価値を新たな視点でとらえなおし、他社にはない**

# 第5章　志望動機をどうつくり出すか

**新たな価値として提言する**と同時に、これをやってみたいと訴えると、志望動機に一味ちがった捻りを利かせることができます。

このときにつかえる手法として、価値の変換という問題解決手法を紹介します。

たとえば、あなたが地元の私鉄を志望しているとします。地方はいま、どこも過疎化と高齢化が進んでいて、鉄道の利用客は減少傾向にあります。そこであなたは、この私鉄でなんとか地域活性化に貢献したいと考えているとしましょう。

鉄道で地域の活性化に貢献するには、鉄道によるモノか人の輸送量を増やすことがまず必要です。モノの輸送を増やすなら、地域に企業や大型店舗などの誘致が必要かもしれません。しかし過疎化と高齢化で労働力も購買力も望めないなら、誘致に応じてくれる企業はないかもしれません。人の輸送はもとより地域の母集団が少ないので、サービスを工夫してみたところで通勤・通学需要の増加も望めないでしょう。

このように、鉄道の価値をモノや人の輸送手段としてとらえると、地域活性化の問題は八方塞がりになってしまいます。

そこで、鉄道を地域における輸送手段という価値ではなく、鉄道とその地域のもつ文化的な価値としてとらえなおしてみると、ちがった景色が見えてきます。たとえば朽ちかけたレトロな雰囲気の駅舎、郷愁を誘う終着駅、四季折りおりの車窓からの風景、これらと地域の観光資源をつなぐイベントや企画など、地域住民を利用客のターゲットとするのではなく、来訪者をターゲットにした新しい鉄道価値の発掘はできないか、といった発想です。そんな鉄道を中心にした地域の文化的価値で地域を活性化したいから、この私鉄を志望すると言えれば、深味のある志望動機になることでしょう。

もう1つの例として、看板や広告塔などを設置し、スポンサーの広告を表示する広告業社を志望するとします。広告の本来の価値は、スポンサーのブランドや商品・サービスの認知度を高め、販売促進につなげることにあります。しかし、広告塔や看板といったサイネージが建物や街の景観の一部を構成していることを考えると、単にスポンサーの商業的な認知度向上や販売促進にとどまらず、景観の一部としての価値に着目することもできます。

すると、サイネージは景観文化の一部と考えることができ、街ゆく人の一時的なエンターテイメントの空間であったり、インスタ映えする人気スポットであったり、地域住民のランドマーク的シンボルであるような文化的役割を担っていると考えることもできます。

このように考えると、単にスポンサーの思いが伝わるサイネージの提供をしたいと言うのではなく、サイネージで地域の個性に合わせた景観づくりにかかわることで、地域の活性化に貢献したいと言えば、志望動機に一味ちがう印象を与えることになるでしょう。

## 支援部門への志望動機はソフト面の魅力で

モノやサービスを、実感される価値＊として顧客に届けることが企業活動なので、この価値をどう創出しつづけ、どう届けつづけるかが企業の存続と成長の核心的課題になります。

この核心的課題に取り組んでいくうえでの行動規範を簡潔にまとめたものが企業理念や信条とよばれるものです。そしてそのような行動規範のもとで、どのように成長し、どのような企業になりたいかを示すものが、ビジョンであり成長目標です。

企業には、購買、製造、物流、販売、サービスなど、バリューチェンを構成してモノや

＊この顧客が実感する価値を「意味的価値」といいます。モノやサービスに対価を払ってまで手に入れるのは、それらが自分にとって意味があるからだと顧客が自発的に意味づけしてくれるのでそうよんでいます。高級ワインや骨董品、ブランド商品などは、その実用性をはるかに超えた意味づけがなされるがゆえに、高額で取引されるのです。

サービスを提供する部門があります。これらの部門は収益、つまりおカネの獲得に直接かかわるのでプロフィットセンターとよばれます。

これに加え、事業企画、マーケティング、商品企画、あるいは研究開発など新たな価値の創出にかかわる部門や、人事、経理、総務、秘書など、企業の支援活動にかかわる部門もあります。これらの部門はおカネの獲得に直接かかわることはなく、むしろコスト要因となるので、コストセンターとよばれます。

プロフィットセンターは付加価値の創出と提供によってできるだけ収益を増やそうとしますし、企画や開発部門も新たな価値の創出にかかわるので、いずれもそのやり方や活動方法に、企業の理念や信条、あるいはビジョンや成長目標が色濃く反映されることになります。したがって、こうした部門を志望するなら、企業の理念、ビジョン、あるいは成長目標をそのまま自分の「やりたいこと」にするだけで、その企業ならではの付加価値の創出や提供に関与できることになり、その企業でしか経験できない仕事として、この「やりたいこと」を強い志望動機にすることができるのです。

しかし、コストセンターのなかでも支援活動部門での仕事は価値の創出や提供への直接的な関与が薄いため、企業理念、ビジョン、あるいは成長目標を支援業務でどう実践するかを言いづらいという事情があります。このため、自分の「やりたいこと」の仮説、つまり志望職種がコストセンターでの支援業務のいずれかであると、企業の理念、ビジョン、あるいは成長目標を志望動機にしようとしても、表面的に聞こえてしまい、説得力に欠ける印象になりがちなわけです。

こういうときは、**「自分らしさ」を発揮して活躍できそうかという視点で、企業文化や社風、そこで働く社員の気質といった組織のソフト面を検討**してみるのも効果的です。

たとえば、その企業で働く人びとは、企業の理念、ビジョン、あるいは成長目標といった共通の価値観をどれほど強固に体現しているか、また、そこに集まる社員は互いにどのような関係性を重視して仕事をしているか、あるいはそこに集まる人を会社はどのように教育し、活躍させているのか、などの側面から他社にないものを感じ取るのです。

企業のこうしたソフト的な側面を知り、感じ取るには、その企業で働く人に直に接し、話を聞くしかありません。そういう機会が得られるのが、インターンシップであり、企業説明会やOB・OG訪問です。また、それだけでなく、これらの機会は、あなたの「やりたいこと」の仮説の検証の場にもなるのです。

たとえばインターンシップに参加すれば、入社数年の若手社員がチューターとしてあなたを指導してくれる機会があるかもしれません。そういう先輩社員の熱意に感銘を受けたり、活きいきと指導してくれる彼らの姿に未来の自分を重ねて見えたりすれば、「あの人のように働きたい」という動機が強く湧き上がるかもしれません。
あるいは、企業説明会に参加し、説明会のあとも居残って、説明で登壇された方やスタッフに話を聞いてみるのもよい経験になるはずです。説明会でスタッフの方に声をかけてみたところ、部門がまったく異なる2人の社員さんが応じてくれ、2人が申し合わせたようにその会社のよさを熱く語ってくれたことで、その会社の社風が強く感じ取れたということもあります。

重要なのは、このような人たちと働きたいとか、このような人たちのように活躍したいと思えることです。チューターやスタッフ、OB・OGらに積極的にコンタクトをとり、彼らの姿勢や立ち振るまいから、**他社にはない会社の雰囲気や温度、社員の気質**を感じ取り、そこに「自分らしさ」や自分の強みを重ねてみましょう。

たとえば、あなたに、誰もあまりやりたがらない地味な仕事でもこつこつと真面目に取り組み、成果を出す、という特長があるなら、これに、インターンシップや企業説明会での体験を重ねることで、**ここなら「自分らしく」働けそうだ、という気持ちを志望動機にする**ことができます。

また、組織のソフト面に着目すると、支援部門への志望の意欲を、面接での逆質問で表明することもできます。たとえば「私は人事職を希望していますが、人事の仕事をしていくうえで、御社の企業理念は、どんなときに活かされるのか、なにか事例があればお聞かせいただけると参考になります」などです。

このような質問には、面接担当者自らが日頃から仕事における企業理念の位置づけを考えていないと、即答できるものではありません。

このような聞き手もたじろぐ鋭い質問を発するだけで、支援部門を志望するあなたの前向きな意欲を伝えることもできるのです。

## 達成の意味づけは「自分らしさ」で

「やりたいこと」を達成することにどんな意味があるのかを自分の言葉で言えることは、就活ではとても大切です。なぜなら、**仕事にどんな意味を見出せるかは、仕事への意欲や情熱といったモチベーションに強くかかわっている**からです。だからこそ、採用側はここを重視するのです。

「やりたいこと」の仮説は志望先毎にチューニングするにしても、その達成のし方や、その結果、成長した自分のイメージが自分らしければ、それを達成することの自分にとっての意味合いは、どの企業に対しても、一貫した「自分らしさ」で答えることができます。

たとえば、「イノベーションを通じて社会の発展に貢献する」を企業理念とするA社と、「食を通じて人びとの健康な生活に貢献する」を企業理念とするB社を想定してみましょう。

それぞれの企業で成長した自分は、A社なら「イノベーションを通じて社会の発展に貢献できる営業マン」、B社なら「食を通じて人びとの健康な生活に貢献できる営業マン」がイメージの核になります。そしてあなたは親和動機が優位で、世の中に役立ちたい、周囲の人と喜びを共有したい、という思いで行動することに「自分らしさ」を認めるなら、成長した自分の意味合いは、いずれの企業であろうとも、おなじでよいのです。

具体的な例を言えば、「イノベーションを通じて社会の発展に貢献できる営業マン」というイメージも、「食を通じて人びとの健康な生活に貢献できる営業マン」というイメージも、いずれも世の中を明るく豊かにするという意味で世の中に役に立つことができ、より明るく豊かな世の中を周囲の人と喜びをもって共有したいという「自分らしさ」に整合するからです。

志望する企業毎の理念やビジョン、価値観に自分の成長した姿を重ねるにしても、そこに到達することの自分にとっての意味は、どの企業であっても、その姿が「自分らしい」

からだと言えればよいのです。

## 志望動機の論理構造

志望動機で企業側が読み取りたいことは、(1)当社を選び、仕事にコミットしてくれるのか、(2)当社での仕事をやり抜くエネルギー（夢・価値観）はあるか、(3)当社の成長に貢献していけるポテンシャルを感じるか、の3点です。

この3つの問いには、企業選びの軸、やりたいこと、それはなぜか、という3つのカテゴリーからなる論理構造で答えることができます（**図8**）。

まず、企業選びの軸を明確にすることで、企業とのマッチングの条件を提示します。つぎに、自分がその企業で活躍できそうなことを、自分らしさや自分の強みに結びつけて明らかにします。最後にそれが志望先と自分にとって、どんな意味があるのかを示すことで、自分の価値や期待値を宣言します。

**図8**のフレームワークにそって、志望動機のストーリーラインを整理すると、以下のようになります。

〈志望動機のストーリーライン〉

【主張（結論）】

・志望する最大の理由。その企業でならできそうなこと、やり遂げたいこと。とくにこだわりがなければ、企業の理念、ビジョン、成長目標をそのまま自分の「やりたいこと」にしてしまう。

【企業選びの軸】

・業界と経験との接点。興味をもったきっかけ。

・企業を選ぶうえで、譲れない大切なことはなにか。それが自分にとって大切であることの意味はなにか。

【やりたいこと】

・「やりたいこと」（＝企業の理念、ビジョン、成長目標）を

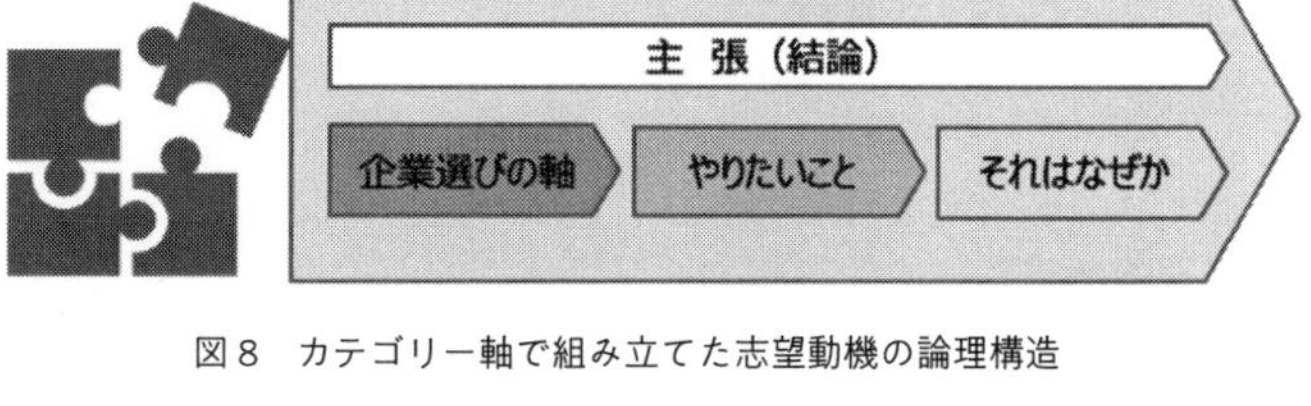


図８　カテゴリー軸で組み立てた志望動機の論理構造

自分なりにどう強みを活かして実践し、達成するか。
・具体的にどうやるかは、「自分らしさ」や自己の強みをどう発揮するかを言うか、独自のアイデアやコンセプトを具体的に提示する。
【それはなぜか】
・「やりたいこと」（＝理念、ビジョン、成長目標）を達成することの、自分にとっての意味を「自分らしさ」と整合させて明確にする。
・できそうだと思える根拠。自己の成長を駆り立てる「自分らしさ」や自己の強みがそこで活かせると言う。

## 〈志望動機〉を書いてみよう

それではここで、「イノベーションを通じて社会の発展に貢献することを経営の基本理念としている企業」への志望動機の例を以下に示してみます。なお、例文中には説明のための番号と傍線を追加しています。

①貴社が□□事業で創出してきた△△のようなライフスタイルを変革するような製品を、私も貴社の営業マンの1人として世の中に提供していきたいと思います。△△でもっとも革新的とされる○○というコンセプトは、□□事業がまだ小さな部門にすぎなかったころ、ユーザーのつかい勝手を知り尽くした②1人の営業社員の発案がコアになっていると聞いています。私もボランティアのイベント企画で発揮したもちまえの創造力を活かし、③イノベーションを通じて社会の発展に貢献するという貴社の企業文化を実践することで、④世の中に衝撃を与えるような夢のある製品を提案できる営業マンを目指していきたいと考えます。（281字）

この例では、まず①で、志望する最大の理由を言いきっています。つぎに②は、営業マンでもイノベーションの一翼を担えることが企業選びの軸だと読んでよいでしょう。そして③で志望先の企業理念をそのままコピーして、自分の「やりたいこと」にしてしまっています。最後に、それを成し遂げることの意味が、④の世界に衝撃を与えることにあるとしています。

この例に限らず、成し遂げることの意味は人それぞれ意味合いがちがって当然ですし、だからこそ、この志望動機にその人なりの思いが反映されるわけです。

たとえばエンジニアなら、自分の開発したイノベーティブな商品を世の中に普及させるというおもしろ味があるだけでなく、人にはできないことをやり遂げたという感動や達成感、自己効力感を味わいたいからだ、と言えるかもしれません。

あるいは、世の中に革新的な生活をもたらす商品を開発できるエンジニアに成長することが、なりたい自分の姿だから、という自己の成長に意味を見出すのもいいでしょう。

また、営業なら、貴社における営業の役割は、イノベーティブな商品やサービスをただお客様にお届けするのではなく、同時に感動体験もいっしょにお届けすることだと思うから、というのもありです。イノベーティブな商品やサービスにこだわるという貴社のブランドイメージをさらに高めていくために、お客様に感動体験をお届けし、その体験を共有していけば、結果として人びとと喜びを分かちあうという自分の価値観にも合致する仕事になると思うからだ、のように言えるかもしれません。

つぎは、企業理念やビジョンを志望動機に結びつけにくい支援部門の経理職を志望する場合の例です。

①私は経理部門の一員として、貴社の成長に貢献していきたいと考えます。ゼミでは、キャッシュフローと企業経営の健全性が研究テーマだったので、②企業のファイナンスにかかわる仕事を希望しています。貴社の会社説明会に参加した折、部門はちがっても、③共通の企業理念のもとで協力し合う貴社の社員さんの姿に触れることができ、他社にない協調の社風を感じました。この方々のように貴社の企業理念をしっかりと共有できていれば、④地味な仕事にも真面目に取り組んでいくという私の特長を発揮し、部門を超えた協力関係のなかで活躍できると考えています。（２５７字）

この例でも、まず①で志望する最大の理由を言いきっています。②では職能から企業選びの軸を打ち出しています。③では、自分がこの会社でなら活躍できそうだと感じ取った経験を語り、④で、自分の強みを活かしていくと言うことで、自分への期待値向上を図っています。

志望動機はこうあるべきという決まりはありません。それでも**図8**のフレームワークにしたがえば、およそ言うべきことは絞られてきます。あとは個人の興味や能力、経験、そしてなによりも「自分らしさ」をどう発揮できるかで、３つの問いに答えていけばよいのです。

# 志望動機

# 第6章

# 成長のポテンシャルを伝える

# ガクチカを問う理由

第2章で、就職は心地よさとの決別からはじまるとお話ししました。就職し、仕事をはじめると、誰もが自分の思ったようにうまくはいかないことに直面します。企業側も、新入社員にとっての最初の壁が、社会人ばかりの環境に放り込まれた違和感や心地の悪さであることを百も承知しています。なによりもまず、新入りであり、職場のメンバーとして馴染みも浅く、未経験ゆえの仕事上の失敗もするでしょうし、その職場特有の文化や暗黙の了解を読み取れない、など不安材料を数えあげればきりがありません。

この誰もが経験する、**うまくいかないことだらけの居心地の悪い状況に対処していくには、うまくいかない自分を変えられる力やうまくいかなかった経験から学ぶ力**が求められます。自分を変えるとは、うまくいかない自分の行動を変えるということであり、それは自分の行動特性のネガティブな側面（**表2**の右端の列）をコントロールしていくことにほかなりません。また、学ぶとは、うまくいかない経験から、なにが問題かに気づき、どうすればつぎはうまくいくか創意工夫できるということです。そして、ネガティブな側面をコントロールできるようになるというプロセスも、気づきを得てつぎはうまくやれるようになるというプロセスも、どちらも1つの**成長**といえます。

そうした**成長力があなたに備わっているか**どうかを、学生生活で打ち込んだこと、力を入れたことについて、いわゆる「ガクチカ」とよばれる設問で問うているわけです。

自分らしく働いていける人は、仕事での受け容れがたい居心地の悪い経験を、自分なりに意味づけして受容していくか、そういう経験を回避できるよう積極的に行動し、仕事そのものを変革したり、より自分らしく働ける仕事を発見したりできる人だとお話ししたことを思い出してください。

受け容れられない自分を受け容れられる自分に変えることも、受け容れられない経験から学んで、受け容れられる経験に変えていくことも、その人にとっての成長なのだということです。

ガクチカでは、この成長力をエピソードのなかで証明すればよいのです。その証明には、なにか大きな成果や自慢できる武勇伝は、必ずしも必要ではありません。なんらかの成長が言えればよいのです。

## なにか成長があればOK

部活動やアルバイトも適当にやってきたし、成績はそれほどでもないけれど、あまり苦労せずに単位もとれた。これまで、とくに力を入れたことなんてない、と感じている学生は少なからずいるものです。なかには部活動やアルバイトの経験すらないので、なにかに頑張ったエピソードもまったく思い当たらないという人もいます。

でも、あなたは20歳を超えており、大学に入って数年の経験もあるわけです。なにひとつ頑張ってこなかったのなら、卒業を控えて就活をはじめられるようなポジションにはないはずです。

この数年の間、ほんとうに自分は、自分をなにも変えてこなかったのか。なにも変えてこなかったのなら、自分のものの見方や考え方は、数年前の自分となんら変わっていない、成長のない自分なのか。なにかうまくいかなかった、失敗したという経験はないか。うまくいかなかったり、失敗したりしたときは、そのまま放置してきたのか、それともなんとかしたのか。悔しかったり、残念に思ったりした出来事はなにひとつなかったのか。もしあったとすれば、その経験からなんらかの気づきや学びはなかったのか。つぎはこういうふうにうまくやろう、とも思わなかったのか。
もし、うまくいかなかったことや、失敗した経験があり、悔しかったり残念に思ったりした出来事があったとすれば、あなたはそうした経験をどれだけ引きずっているでしょうか。失敗の痛みや、悔しい、残念な思いがいまは薄れつつあるなら、あなたはそうした経験になんらかの折り合いをつけるか、意味づけをしたり、学びを得たりすることで、一回り大きく成長しているのではないでしょうか。

たとえば、あなたがいま卒業見込み者として就活をはじめているということは、卒業に必要な単位数を、卒業までに取得できる見通しがあるということです。必須科目は再履修することなく、すべて順調に取得してきたでしょうか？　もしできたのなら、なぜ順調にいったのでしょう？　また、もし再履修になるような苦手な科目があったなら、その科目はどうやって克服したのでしょう？　順調に取得できたなら、なにか頑張ったから順調にいったにちがいありませんし、苦手だった再履修科目を克服できたのも、そこでなにかに努力があったからではないでしょうか。いずれにしても、なにも頑張ることなく卒業見込み者にはなれないはずです。

このように自問自答してみると、なにも力を入れて頑張ったことはないという人でも、なにか1つくらいは成長ポイントを見出せるはずです。このように卒業見込み者であることを掘り下げてみただけでも、頑張ったことはないと言い張るほうがむしろ難しいのです。

## 心に火が着いた瞬間を語ろう

運動部で、どうしてもレギュラーになろうと決意し、自主トレノートをつけはじめたとき。塾のアルバイトで子どもたちの成績をどうしても上げたいと決意し、ゲーム感覚のクイズを取り入れてみようと思った瞬間。留学先で異国のルームメイトとうまくやっていくべきだと考え直し、自分から心を開いて話しかけた瞬間。サークルで仲間に受け容れてもらいたい、認めてもらいたいと思い、自ら企画の取りまとめを買って出た瞬間。こうした自分の決意や思いを行動に移そうとするときは、たとえそれが小さな行動であっても、本人にとってはとてつもないエネルギーが必要です。

理性ではよかれと思われる望ましい行動も、爬虫類脳の情動は抵抗します。そんなエネルギーをつかわなくても、平穏に生き延びていける。だから面倒なことはしたくない、と。

それでもあなたはなにかに衝き動かされ、それをやろうと決意した。そのエネルギー源こそが、これまで何度も登場した「自分らしさ」です。

少しでも頑張って、自分のなにかを変えようという気持ちや、困難だった経験からなにかを学んでつぎはうまくやろうという気持ちが自分の内から湧いて出てきたときの情動を、自分らしく言葉にしてみましょう。

この情動を言葉にして伝えると、聞き手あるいは読み手は理性的に機能する彼らの外側の脳であなたの動機を納得してくれるのです。なるほど、それでいいのだ、と。

## ガクチカは自己PRとどうちがうか

ガクチカを書いていると自己PRのエピソードと重なって、どう書き分ければよいのかよくわからないという声をよく聞きます。

たとえば飲食店のアルバイトで、来客数を増やすという目標があったとします。あなたはそれに挑戦しようとなんらかのイベントを企画し、それを店長以下メンバーや他のアルバイト仲間に提案し、店全体でそのイベントを実施した結果、固定客の増大が図れたとします。このとき、この出来事をとおして、あなたの内面に起きたことのどこに焦点を当てるかで、自己PRか、ガクチカかが決まります。

もし、あなたの**内面の一貫性に焦点を当てれば、自己PR**のストーリーになります。たとえば、来客数を増やすという目標に挑戦し、達成することで自己効力感を感じる自分であったり、イベントの企画を創意工夫し、来客数を増やす方法を考える探求心や、企画立案の発想力など、自己の才能を発揮する喜びを感じる自分であったり、イベントの企画案を店長ほか店員や仲間に提案し、実行に移していける提案力や説得力、巻き込む力や実行力を発揮してものごとを進めていくことにやりがいを感じる自分がいてもおかしくはありません。挑戦や達成、創意工夫や発想、説得や実行などは、どれをとっても人それぞれ一貫した「自分らしさ」の現れなのです。

だから、自己PRでは過去・現在・未来という時間フレームワークの流れで、一貫した「自分らしさ」を伝えるわけです。

一方、あなたの**内面の変化と学びに焦点を当てると、自己の成長にかかわるガクチカ**のストーリーになります。たとえば、せっかく集客イベントを企画したのに、店長や仲間に受け容れてもらえなかったなら、話は変わってきます。それは、あなたがよかれと思った行動であったとしても、仲間からすれば独善的なスタンドプレイに映ったかもしれません。あるいは、あなたはアルバイト仲間のなかで、もともと浮いた存在で、仲間との信頼関係をうまく構築できていなかったのかもしれません。

そこであなたは、アルバイト仲間全員から企画のアイデアを募ったり、自分のアイデアへのフィードバックを仲間から積極的にもらったり、仲間の意見や考えに寄り添い、よい関係をつくるよう努力するなど、自分の行動を変えたかもしれません。そうすると、あなたはこの経験で独善的な自分から協調性を重んじる自分に変われたり、仲間とよりよい信頼関係を構築できる自分に変われたりしたかもしれません。これらの変化はあなたの成長であり、その結果、イベントが成功したなら、あなたはそこから協調性や信頼関係といったことの大切さを学ぶことができているはずです。

このように、アルバイト先の来客数増のためのイベントの成功、という客観的な出来事1つをとっても、焦点を自己の内面の一貫性に当てるのか、変化に当てるのかで、自己PRかガクチカのいずれかにストーリーの内容が変わってしまうのです。

## ガクチカの論理構造

ガクチカではあなたの内面の変化や学びに焦点を当て、自分を変えられる力や経験から学ぶ力があることを、エピソードで示しながら論証します。この論証においても、因果論理の関係を重視した論理構造をつかうと、わかりやすいストーリーで論証を進めることができます。

ガクチカの目的は、**自分を変えられる力**か**経験から学ぶ力**をテーマに、自分に自己成長のポテンシャルや伸び代があることを論証することです。前者のテーマは自己への対処、後者は状況への対処なので、成長力を論証する因果論理の構成要素も異なります。

以上2つの因果論理の構成要素を**図9**では、上下2段のフレームワークに分けて示しています。上段は自分を変えられる力をテーマとするとき、下段は経験から学ぶ力をテーマとする

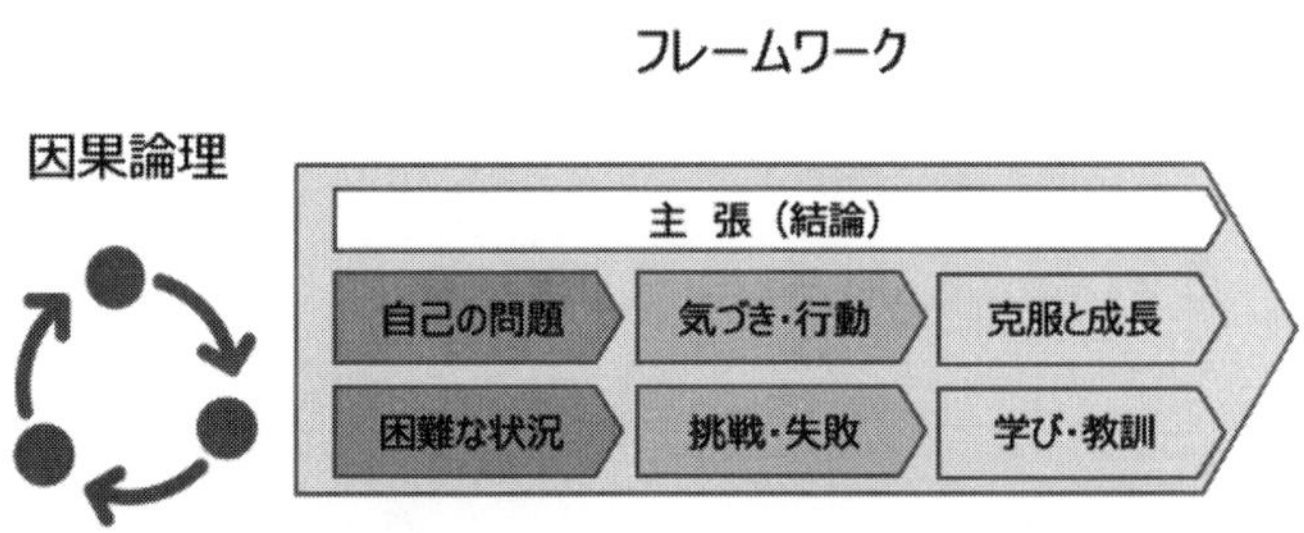


図9　因果論理軸で組み立てたガクチカの論理構造

ときに相当します。

この2つのテーマによって、ガクチカのストーリーラインも以下のように2つに分けられます。

〈ガクチカのストーリーライン（自分を変えられる力）〉

【主張（結論）】

・なにを頑張ったか、なにに力をいれたのかを1センテンスで。

【背景・状況】

・自己の問題とその背景について。

【打ち込んだこととその理由】

・自己の問題を克服しなければならないと気づいたきっかけ。自分を変える行動。

【結果と教訓】

・自己の問題を克服した結果、どのように行動や考え方が変わったか。

〈ガクチカのストーリーライン（経験から学ぶ力）〉

【主張（結論）】
・なにを頑張ったか、なにに力をいれたのかを1センテンスで。
【背景・状況】
・困難な状況に直面した背景や経緯。
【打ち込んだこととその理由】
・困難な状況を変革しようとした動機。状況を変革していく具体的行動。
【結果と教訓】
・困難な状況に挑戦し、成功または失敗した経験から学んだこと。その学びを今後どう活かしていくか。

# 〈ガクチカ〉を書いてみよう

それではここで、再履修科目への取り組みという、学生ならよくある出来事をトピックにしたガクチカの例を紹介します。なお、例文中には説明のための番号と傍線を追加しています。

〈学生生活で打ち込んできたこと〉

①私が力を入れたのは苦手単位の取得です。

必修の仏語の教授は学生を見向きもせず、例文を読み、学生にオウム返しさせるだけでした。この②心の通わない授業に嫌気がさし、再履修となってしまったのですが、③この授業の再々履修はどうしても耐えられず、次年で決着をつけようと決意しました。

そこで私は、④自分のできることから自主的に学んでいくことにしました。まずは基本となる動詞50個の活用を暗記しました。このとき、鉛筆の形にヒントを得、厚紙でつくった6角柱の1面に10個の動詞を書き込み、6面回せば10個の動詞の全活用がわかる立体カードを工夫しました。これに加え、基本6文型をマスターしたことで、簡単な仏文なら読み書きができるようになり、A判定で単位取得できました。

この経験から、⑤気の進まない課題でも放置するのではなく、できることから課題に取り組み、創意工夫して克服するという姿勢が大切だということを学びました。（３９４字）

この例では、自分を変えられる力を論証するストーリーラインのテンプレートを用いています。まず①で、なにに力をいれたのかを1センテンスで言いきっています。つぎに②では、自己のかかえる問題点を挙げています。そして③で、自分の行動を変えようと決意したきっかけを示し、その具体的行動が④からつづいています。最後に⑤で、放置していてもどうにもならないことは、自分のできることからはじめて創意工夫すればなんとかなることを学んだ、という自己成長を示して、締めくくりとしています。

この例を取り上げたのは、打ち込んだことが単位の取得という、学生としてはあたりまえで、平凡なことだからです。こんな平凡なトピックであっても、自分の内面の変化に焦点を当てるだけで、この授業がいやになった心情や、それに対決しなければならないという決意を伝えることができるのです。

それればかりでなく、対決行動のなかに、できることから取りかかるという自分らしさや、自分らしい創意工夫も見せることができています。そして、放置せずにできるところからはじめることでなんとかなる、という学びと成長をきっちりと伝えることができているのです。

だからみなさんにも、もう一度、学生生活のなかで起きた自分の内面の変化をよく思い起こしてほしいのです。どんな些細なことでも、変化さえあれば自己の成長にかかわるヒントになるはずです。

では、自分の内面の変化に焦点を当て、ガクチカを書いてみましょう。

**学生生活で打ち込んできたこと**

# 第7章

# 面接で自分をわかってもらうには

# 内定までの評価ポイント

採用選考では1次面接、2次面接と選考のプロセスが進むにつれ、候補者が絞り込まれていきます。企業によって面接の回数にはばらつきがありますし、早期選考、学校推薦、学校限定募集といった別プロセスを複線で用意している企業もあります。このように選考プロセスは様ざまですが、企業の目的はただ1つ。**この人はこの会社に必要な人物であるか**どうかを見極めることです。

企業は、この候補者の必要性を**社会への適合性、仕事を進める力、成長のポテンシャル**などの側面から多面的に読み取ろうとします（**図10**）。そのため、面接のスタイルを集団面接や個人面接にしたり、聞き手を1人あるいは複数人にしたり、と

| | |
|---|---|
| 社会人としての魅力 | ・笑顔で明るく、萎縮せずに自己表現できる。<br>・礼儀正しく、相手を尊重できる。<br>・なにごとも懸命に取り組む姿勢。 |
| 積極的行動 | ・要点を論理的に把握し、伝えられる。<br>・困難な問題の解決を買って出る。<br>・全体への貢献を優先する。 |
| 成長性 | ・相手の立場を理解し、受け入れられる。<br>・自分の欠点や矛盾に気づき、修正できる。<br>・目標達成への執着心がある。 |

図10　選考面接で見ているポイント

# 第7章　面接で自分をわかってもらうには

選考プロセスに工夫を加え、各プロセスでの評価ポイントも変えています。

たとえば、選考プロセスの序盤で設定されることの多いのが集団面接です。集団面接には4、5人が面接担当者の前に横並びで座らされ、聞き手の質問に輪番で答えていくスタイルと、数グループに分かれ、グループ毎に問題解決や事業提案といった課題が与えられ、その成果を発表するワークショップをやったり、ある命題について2つのグループ間で対立する意見を戦わすディベートをしたりなどのグループワークのスタイルとがあります。集団面接でおもに見られるのは**社会人としての適合性・行動特性**です。

横並びの集団面接でのポイントは集団のなかで圧倒されることなく、しっかりと自分の思いを表現できることです。頼れる人のいない環境で、萎縮することなく自己表現できる胆力が求められます。ここで気をつけておくべきは、自己主張が長くなりすぎ、周りの人の大切な時間を奪ってしまわないこと。周囲への気遣いや協調も印象形成の重要な要素なのです。

一方、グループワークではコミュニケーション力（論理的説明力、要点把握力）、問題解決力、周囲への貢献の姿勢、協調性、チームワーク、合意形成力、リーダーシップ、チャレンジ意欲などの行動特性が観察されます。ここで埋もれてしまわないことはもちろん重要ですが、目立とう、力量を見せようと意識するあまりの恣意的な発言や行動は逆効果となります。とくに、他者の発言を遮ったり、結論を持論に強引に誘導したりするような行為は慎みたいところです。

つねにグループ全体の成果にいかに貢献できるかを考え、建設的な意見を述べるだけでなく、ときには議論の流れに新たな視点や発想、別のとらえ方をもち込むような問いを投げかけていくような、積極的な姿勢が高評価につながります。

採用選考の中間プロセスでは、その**企業への適合性と成長のポテンシャル**を見極めることになります。これらを志望動機や企業選びの軸、あるいはいわゆるガクチカ、自分の強み・弱み、困難を克服した経験などから推し量ろうとします。緊張はするでしょうが、ここで怯むことはありません。ここまでこの本を読んできたあなたなら、ここでなにをどう主張すべきかは、もうおわかりのはずです。それは、**一貫した「自分らしさ」をこれまでどのように発揮してきたかであり、これから社会に出て、一貫した「自分らしさ」をどのように仕事に活かしていくかであり、そうすることが自分の成長につながり、結果として会社の成長にも貢献することになる**というコミットメントです。

この中間プロセスを首尾よく通過できれば、この企業の採用候補者として候補者毎の特徴と評点が最終面接へ申し送られます。

最終面接では候補者の人柄を幹部が最終確認し、入社の意欲を確認することがおもな目的になります。ここで、この候補者に内定を出したときの歩留り、つまり最終的に入社してもらえる確率を読もうと試みてきます。たとえば、この企業を志望する度合い、他社に対する優先順位など、あなたの入社の意欲のたしかさを訊いてきます。

あなたの目的は「とりあえず」就職することですから、こう訊かれたときのあなたの答えはもちろん「イエス、第1志望で是非よろしくお願いします」になるはずです。たとえ、ほんとうは2位以下であったとしても、「とりあえず」就職したい企業のなかの1つであるなら、第1志望と言ってＯＫです。

## 質問しにくい長い話

採用選考プロセスの序盤では、採用担当の人事や、人事からレクチャーを受けた若手社員など、就活する学生が親しみを感じやすい社員が対応する企業が多いようです。この段階では、企業の求める人材像にマッチする志望者の母集団を形成することに重点が置かれています。そのため、人事や若手社員などはよい企業イメージをもってもらえるよう志望する学生には丁寧に応対してくれますし、人物評価においてもできるだけ学生の長所を拾い上げようとする良点フォーカス志向が働く傾向にあります。したがって、たとえエントリーシートの内容を読み上げるようなぎこちない受け答えをしても、相手は熱心に、辛抱強く話を聞いてもくれるのです。

たとえば「簡単に自己PRをお願いします」と言われ、「はい。私のもち味は○○できることです。そのもち味を発揮した経験としては、3年間つづけてきたアルバイト先で…」のように、エントリーシートに書いた内容を1分以上の長いナレーションで伝えたとしても、相手は辛抱強く耳を傾けてくれ、その人らしい特長を拾い上げようと、気をまわした質問もしてくれます。

しかし、このように判で押したように型にはまった自己PRやガクチカのナレーションが通用するのは、辛抱強い聞き手のいる選考序盤の面接までだと思っておきましょう。

採用選考が中間プロセスに進むと、聞き手には組織責任者、たとえば営業所長、技術部長、製造部長、企画部長など、忙しい人びとも登場します。こうした忙しい人びとに「学生生活ではどんなことに努力してきましたか」と問われ、「はい。私が努力してきたことは○○を達成することです。それを達成しようと思ったきっかけは…」と、いつもの調子でエントリーシートに書いたエピソードを諳んじはじめたとします。あなたにとってこの面接は、ここで漏れてしまえばそこでこの会社はおしまい、というサドンデスの勝負の場です。勢い力も入り、緊張もしていて当然でしょう。

でも、このときの聞き手の心の内を想像してみてください。聞き手にとってのあなたは、この日に面接する10人のなかの1人にすぎないかもしれません。その1人であるあなたが、先ほどの学生とおなじように長いナレーションをはじめてしまうと、どうでしょう。聞き手は「つまり、言いたいことはなに?」と感じてしまうことも十分に想定されるのです。

聞き手がこのように感じてしまう理由は、以下のようにいくつか挙げることができます。

- 1分以上の長い話はあら筋くらいしか記憶に残らない。話し手がつかった用語も、メモでもしていない限り正確には覚えていない。メモを取っていると、表情の変化を見逃す。このうろ覚えの話のなかから人物像をつかみ取るのはかなり困難。
- これを回避するには、その場で話している内容と、エントリーシートに書かれた内容とを照らし合わせながら、話を聞き進めねばならない。この同時進行作業は、聞き手にとってかなり負担。
- 長い話の内容とエントリーシートに書かれた内容について質問することで人物像を明らかにしようと試みるが、ではなにについて質問するべきかを、質問の意図とともに考えねばならないのも負担。
- 話の途中で質問したくなっても、話が終わるまでその質問を頭の中に維持しておかねばならない。するとそれ以降の話に集中できなくなる。

もちろん、もとより話が上手で、自己PRやガクチカの要点を簡潔・明快に、しかも聞き手を惹きつけるように自然に話すことができる学生もいます。こういう話し方に長けている人なら、頭のなかの400字ほどの原稿を1分以上かけて一気にまくしたてても、聞き手を飽きさせることはないでしょう。

たとえそうであったとしても、話が1分を超してくると、聞き手はその要点をしっかり把握し、記憶に刻まなくてはならないという負担を強いられることになります。それでなくても1日に何人もの学生の話を集中して聞かねばならないのが面接担当者です。自分は1分で要点をしっかり伝えたと思っていても、聞き手はメモでもしていない限り、なにが要点であったのかあいまいになってしまうものです。あまつさえ、それが要領を得ない、とらえどころのない話なら、そんな話を聞かされることほど聞き手にとって酷なことはないのです。

## コンパクトな話で質問の範囲を限定しよう

こうした聞き手の心理的な負担を低減するには、**話をわかりやすくコンパクトにまとめる**のがいちばんです。長さにすれば**20秒、長くて30秒が限度**です。

そんなに短くては伝えたいことが全部は言えないし、それでは伝わらないのでは、という不安に駆られるかもしれません。しかし、それ以上長く話すと、前述した理由でむしろ逆効果です。長い話をするのは、「1分程度でお願いします」や「〜について、少し説明してもらえますか」、「〜した経緯について聞かせてもらえますか」、あるいは「〜について話してください」など、もち時間の指定があった場合や、答えるのに多少の時間を見越したリクエストがあった場合だけにとどめておくほうが無難です。

では、もっともわかりやすくコンパクトな話はなにかといえば、それは問いに対する結論です。

たとえば、「簡単に自己PRをお願いします」とうながされたなら、「はい。私のもち味は○○できることです」で一旦区切ります。結論だけ端的にいえばこれだけです。しかし、これだけでは聞き手はそれだけ？ となるかもしれませんし、時間はまだ20秒ほどありま す。とはいうものの、これを結論にいたったエピソードでフォローしようとすると、とても20秒で収まるものではありません。

そこで、エピソードは相手の質問のために残しておき、ここでは自分の**アピールポイント**についての**自己評価や他者評価**と、このアピールポイントの**仕事での活かし方**をつけ加え、一貫した「自分らしさ」を簡潔に表現するだけにしておきます（**図11ⓐ**）。たとえば「はい。私のもち味は○○できることです。私が○○できるという強みについては、部活動でのチームのメンバーからもよくいわれますし、コンビニでアルバイトしているのですが、そこの店長からもよく□□さんは、○○がよくできるね、と言われます。自分でも△△したときに、あ、やっぱり私は○○することが得意なんだと感じています。この私の強みは、チームで仕事をしていくときにも武器になると考えています」のように自分のアピールポイントを周辺の評価で補強すれば、一貫した「自分らしさ」をコンパクトに伝えることができます。

そればかりでなく、自分の評価者として、部活動のメンバーやアルバイト先の店長などの関係者を登場させているので、聞き手に部活動でもアルバイトでも、興味のあるほうを突っ込んでもらうという選択肢を与えることもできているのです。

また、たとえば「学生生活ではどんなことに努力してきましたか」と問われたなら、ここも端的に「はい。私が努力してきたことは○○を達成することで

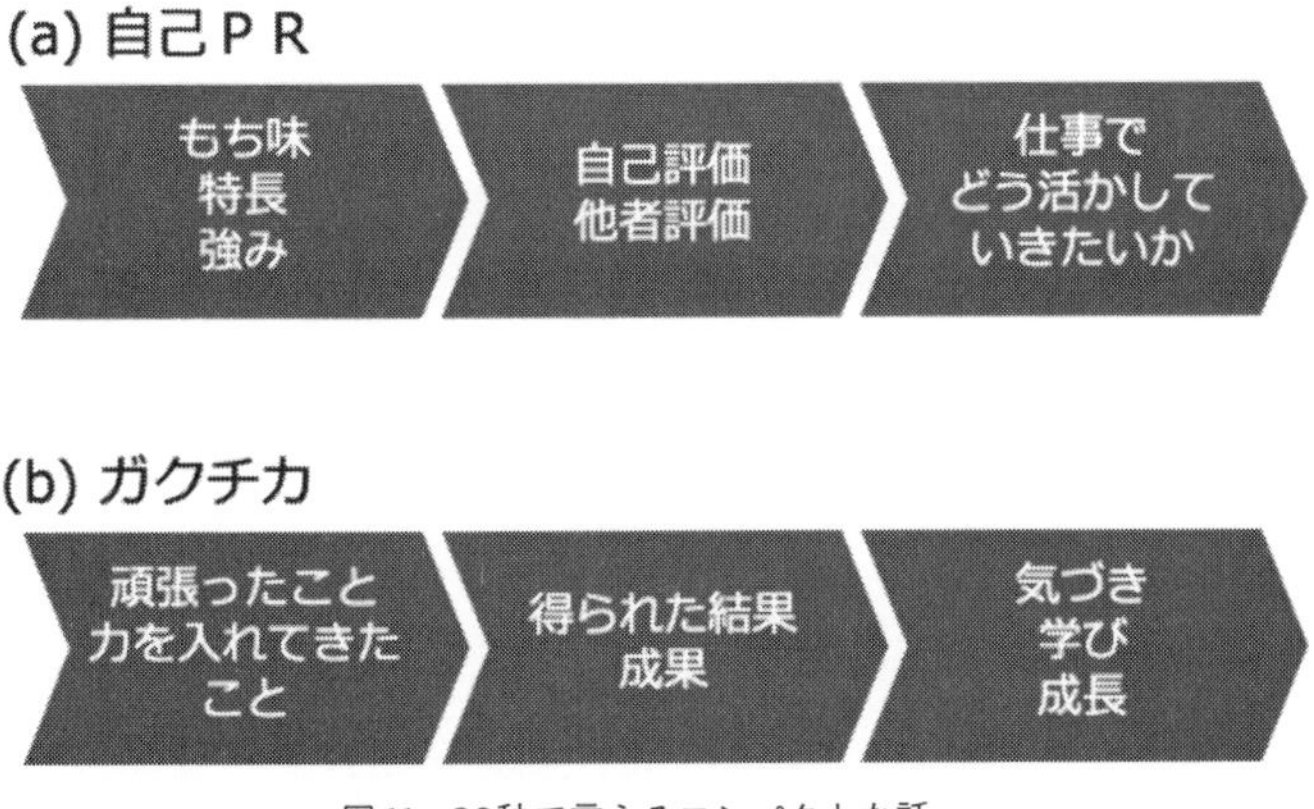


図11　20秒で言えるコンパクトな話

す」で一旦区切ります。結論だけ言えば、ここもこれだけなのですが、時間はまだ20秒ほどあります。でも、これを物語るエピソードでフォローしようとすると、これまた20秒では収まりきりません。

そこで、ここでもエピソードは相手の質問のために残しておき、この**結論**にその**結果や成果**と、結果や成果を得たときの**自分の内面的な気づきや学び、成長**をつけ加え、話の骨子を見せるだけにしておきます（**図11ⓑ**）。たとえば、「はい。私が努力してきたことは○○を達成することです。そのために□□に集中的に取り組んだ結果、半年という驚異的な短期間で○○を達成することができました。この結果には自分でも驚きましたが、本気で取り組めば困難なことも達成できるということを学ぶことができました」のように、結論と結果、気づき・学びでストーリーの骨子をコンパクトにまとめて言うことができるのです。

## 会話のキャッチボールを

質問に対する答えがシンプルであるほど、つぎの質問の範囲は限定的になります。たとえば、「学生生活ではどんなことに努力してきましたか」という問いに対し、「私が努力してきたことは○○を達成することです」と答えると、つぎに訊くべきことは○○をなぜ達成しようと思ったのかや、○○を達成することの意味はなにかなど、「○○の達成」にまつわることに質問内容が限定されます。

このように答えがシンプルだと、つづく質問の範囲も絞りやすくなるのです。しかしその一方で、その考えや行動にいたった背景の説明にもの足りなさを感じさせてしまうこともあります。すると、つづく質問が伝えたいことの本質から外れ、背景や周辺状況についての質問などにずれていく可能性があります。ここの説明のやりとりで時間を費やしていると、肝心の伝えたいことを伝えきれぬまま、面接が終わってしまいかねません。

そこで、おなじ質問に対する答えでも、「私が努力してきたことは○○を達成することです。そのために□□に集中的に取り組んだ結果、半年という驚異的な短期間で○○を達成することができました。この結果には自分でも驚きましたが、本気で取り組めば困難なことも必ず達成できるということを経験的に学ぶことができました」とまで踏み込んで答えると、少なくとも自分のもっとも伝えたかった自己の内面変化に触れることができます。

一方、聞き手はこの話から、その出来事のきっかけや、結果を出すまでのプロセス、そして本人の内面の変化という、話を構成する3つの要素についての概要を知ることができます。聞き手にはそこからどれを訊いていくかという選択肢が与えられるので、可能な質問の範囲も広がります。これらの選択肢のなかから、聞き手は興味のおもむくままに深掘りの質問を投げかけていくことになるわけです。

面接は学生に質問を投げかけ、その人物像を明らかにしていくプロセスです。聞き手は面接での一問一答を重ねていくことで、玉ねぎの皮を剥くように、学生の実像に迫ろうと試みます。しかし長い話になると、その途中で訊きたいことがあったとしても、話が終わるまで聞き手は質問権が渡ってくるのを待っていなければなりません。しかも長い話ほど前に挙げたような負担もかかります。

このような聞き手の負担を減らすことを考えるなら、話のはじめは質問の選択肢が2つか3つに収まるようコンパクトに答え、質問権を早めに聞き手に渡してしまうのが賢明なのです。とくに、口下手な人ほど、このように少ない選択肢のなかから深掘りの方向性を選んでもらうほうが望ましいのです。原稿の棒読みになるより、コンパクトな話のほうがはるかにましなのは、こういうわけです。そこから会話のキャッチボールをはじめれば、限定的な質問に対する限定的な答えというシンプルな一問一答に向かって、いわゆる話が弾んでいくことになります。

話が弾めば玉ねぎの皮を剥いていく作業もはかどり、「あ～、そ～だったんですね～」と聞き手があなたらしさを納得してくれる可能性もグンと高まることが期待できます。

ここまでの話をまとめると、自分をわかってもらうために面接で意識すべきは、会話のキャッチボールだということになります。この会話の緒として、伝えるべき構成要素をできるだけ絞って話をはじめることがポイントなのです。どんなに熱の入った話でも、エントリーシートの朗読では玉ねぎの皮を剥く気になれないということです。

## 聞き手のバイアスをのり越えよう

いわゆる選考解禁日から数週間もたつと、なかなか内定をもらえないという深刻な相談が増えてきます。そんな学生はいつも序盤の面接で終わる人、最終面接まではいけるがそこでダメになる人など様ざまです。

企業が採用選考で面接をする目的は、その候補者がこの会社に必要な人物であるかどうかを見極めることにあると言いました。企業は、その候補者の必要性を社会への適合性、仕事を進める力、成長のポテンシャルなどの側面から多面的に読み取っていくとも言いました。企業はこれらの視点から候補者の長所を読み取ろうとするわけですが、もし、あなたがどの企業の採用選考でもうまくいかないなら、あなたに特有の問題がある可能性があります。

たとえば、最終面接まではいけるがそこで終わってしまう人は、この人でよし！という決め手を提示できていない可能性があります。その決め手とは社会的適合性でも、仕事を進める力でも、成長のポテンシャルでも、どれでもよいのですが、いずれかの点で聞き手を得心させる特長です。それはおそらく、あなたならではの「強み」であり、結局は一貫した「自分らしさ」にいきつくのだと思われます。

さらに言えば、この一貫した「自分らしさ」をその企業に重ねられていない可能性も考えられます。そう言われてみれば、と心当たりがあるなら、第5章に戻り、「自分らしさ」を志望先の企業に重ねることができていたかをもう一度点検してみてください。なかでも、**図7**に示した「自分らしさ」と「企業の成長」との接点をどれだけつめられたかを自問自答してみましょう。自分の将来を託そうとする就職先です。志望する企業の成長戦略を一言で言えないようでは、まだまだ甘いのです。

一方、もし1次面接で連敗しているなら、初対面の相手との関係構築がうまくいっていない可能性があります。関係構築は、相手との間の緊張の糸を緩ませ、円滑な意思疎通をはじめるための最初の関門です。この関門を突破するカギはズバリ、心象形成にあります。

1次面接でうまくいっていない学生のみなさんは、連戦連敗で疲弊し、悲観的になっていることもあるのでしょうが、おしなべて暗い印象であったり、しゃべり方もボソボソと歯切れが悪いように感じさせるところがあったり、あるいは逆に緊張のあまり力が入りすぎ、円滑な会話ができなかったりするようです。

もともと明るいとか根暗だとか、弁が立つとか口下手だとか、個性にかかわるような側面はとり繕いようがないと言ってしまえば、そうかもしれません。とはいえ、相手の目を見て、明るく、ハキハキと、前向きに話してくれる人と、うつむきかげんで、視線をウロウロさせながらボソボソと話す人、力が入りすぎて柔軟な会話ができない人とでは、聞き手の心象がまったく異なるのもまた事実です。

人の選好は心象によっていとも簡単に左右されます。とくに昨今のコロナ禍で急増しているオンライン面接では、本人の姿勢や立ち振る舞いが画面ではとらえにくいという事情もあるので、**明るい表情や張りのある声のトーン、相手を信頼して見据える目線、といった非言語コミュニケーション**が今後ますます重要になっていくと思われます。とくに、初対面の相手を敵か味方かに分けてしまう癖のある人は要注意です。敵対的な感情は、無意識のうちに表情に表れてしまうからです。自分を守ろうと身構えるのではなく、気を楽にし、素の自分をわかってもらおうというオープンな姿勢が好結果につながるのです。

選考面接での心象形成について、もう少しお話ししておきます。

多くの企業では、採用の基準や求める人材像を文言にして内部文書に定めています。が、これが結構あてになりません。人の潜在能力や将来の可能性を感じ取るツボは、聞き手個々によってかなりの偏りがあるからです。

たとえば、聞き手が無意識のうちに、候補者に対する心象を自分の経験から連想される典型的な人物像に当てはめてしまうことはよくあります。このように聞き手の選好がある方向に偏ってしまうと、候補者の本来の持ち味や能力を客観的に汲みとろうとする努力を怠るようになります。このような聞き手の内に無意識に生じた不合理な選好の偏りをバイアスといいます。

このような無意識のバイアスは、どんなに熟練の面接担当者であっても生じるものです。たとえば、表情が暗く、しゃべり方もボソボソと歯切れが悪い部下を預かった経験があり、その指導や育成に手を焼いた苦い経験があれば、表面的にそう見える人は「おしなべて」指導や育成がしにくいと判断する傾向が強くなります。こうした選好の偏りを「代表性バイアス」といいます。もちろん、表情やしゃべり方が、必ずしもビジネスパーソンとしての仕事の能力や成長のポテンシャルと相関関係にあるわけではありません。しかし、目の前の候補者のそうしたネガティブな印象が、聞き手にネガティブな過去の経験を無意識のうちに想起させてしまうのです。

つまり、こうした候補者に対する印象が、必ずしも候補者の人物像の適切な描像でないかもしれないにもかかわらず、聞き手は無意識のうちに容易に思い当たる人物像を候補者の人物像に重ねてしまうわけです。

聞き手がこうしたバイアスにとらわれると、候補者の評価は、そのバイアスのもとで無意識のうちに聞き手の爬虫類脳に委ねられていきます。こうなると、爬虫類脳にとって居心地のよい、単純で他愛ない心象が優勢になります。たとえば、親しみやすい、カワイイ、明るい、話しやすい、元気が良い、バイタリティがある、などです。あるいは、出身校や出身地、趣味や特技が自分と近しいなどの類似性も関係します。もとより聞き手に悪気はないし、そんな心象に引きずられている自分に自覚すらないのです。しかし、残念なことに、聞き手は爬虫類脳の決定には抗えないのです。

こうして無意識のうちに候補者の評価が定まると、聞き手の脳の外側の理性的な部分がそれを裏づけようと働きはじめます。明るい人は指導しやすく育てやすいし、自分は優秀であり自分と近しい人も優秀だ、という無意識の持論を正当化することに執着しはじめます。その結果、心象のよい候補者に対しては、その人の良点を追認できるような質問ばかり投げかけるようになるのです。つまり、自分の気に入った候補者からは、自分の満足いく回答が得られるよう、自分も、また候補者をも無意識のうちに誘導していくわけです。このような聞き手の心理状態を「確証バイアス」にとらわれているといいます。

このような抗いようのない無意識のバイアスに聞き手の選好が支配されるリスクは現実として存在します。いくら採点基準が明文化されていても、採点票に最終的に何点をつけるかは、結局のところ聞き手の感覚が拠り所なのです。この事実を認めるなら、自己表現に自信のない人ほど、この残酷な「バイアス」というものに正面から向きあわねばならないことがわかります。そして、この「バイアス」を逆手にとることで、面接での心象形成を自分の優位な方向にもっていく戦略を考えるべきなのです。

そのための1つの考え方として、「ビジネスパーソン」という役者を演じるという話をします。

## 「ビジネスパーソン」という役者のオーディション

企業に採用され、仕事をはじめるということは、その企業で「ビジネスパーソン」という役者になるということです。休日はTシャツと半パンでくつろいでいても、出勤日になれば糊の効いたワイシャツにネクタイを締め、ブラッシングしたスーツと折り目のついたスラックスで身を包み、ピカピカのシューズでオフィスに向かうのです。

なぜこんな面倒くさいいでたちをするのかといえば、それが「ビジネスパーソン」という役を演じるための衣装だからです。

採用選考における面接も、そんな「ビジネスパーソン」を演じられる役者になれるかどうかのオーディションだと思えば、なぜそんな自分を演出しなければならないのかが納得いただけるのではないでしょうか。相手の目を見て、明るく、ハキハキと、前向きに話してくれる人が好まれるのも、そういう演技ができる人なら、お客様や働く仲間にも受け容れられやすいと信じられているからです。

もしあなたが、そんな演技をするなんて自分らしくない、Tシャツと半パン姿で気楽に仕事がしたいと心から思うなら、たぶん、そうすることがあなたにとってもっとも満足のいく生き方の選択です。そのときはアップルやグーグルのようにそんな自由が許される企業を目指すか、企業のビジネスパーソンという役を演じる生き方をとっととあきらめ、ジモティかフリーランスになればよい話です。これならビジネスパーソンという堅苦しい演技をする必要はありません。

一方、いわゆるふつうの企業に就職すれば、なんのアウトプットもスキルもない未熟な新人に対しても、毎月一定の給料が支払われます。そんな身の丈に合わない報酬が与えられるのも、企業はそれが新たに雇い入れた人材への投資だと考えているからです。企業は未熟なあなたが、いつの日か大きなリターンをもたらしてくれる千両役者に化けてくれることを期待し、必ずしも返ってくる保証のない投資をしてくれているのです。

このように考えるなら、選考面接では、あなたにこの**期待に応えられるだけのポテンシャルがあることを、一貫した「自分らしさ」を軸に示してみせる**ことが重要だということがわかります。これが内定の決め手の大きな要因の1つであることはまちがいありません。

# 第7章　面接で自分をわかってもらうには

この本をここまで読んできたみなさんなら、一貫した「自分らしさ」を面接でどう伝えればよいか、もう心得ているはずです。そして、その会社でビジネスパーソンという役を演じようという覚悟もできているはずです。だったら自信をもって演じきってみせましょう。これが私の「自分らしさ」だ、と。この「自分らしさ」はこの会社でなら発揮できそうだ、と。そういう気構えで、面接担当者の無意識のバイアスをぜひのり越えていただきたいのです。

# 第8章

# 「仮説」と「検証」は生涯つづく

## 認められるには時間がかかる

第2章で、ビジネスライフを楽しむコツは会社をスポンサーにして実現したいこと、達成したいことをやることではないか、という話をしました。そのためには組織のなかであなたの仕事への姿勢が認められ、組織の信頼を獲得していく必要があります。そうやってあなたの評価が上がっていくには時間がかかるのです。

私が提供している社員研修では、その終了間際に研修室を一回りし、ゼムクリップやホッチキスの針、あるいはポストイットを丸めたものが机や椅子の周りに落ちていないかをチェックしています。そして、もしそういうものが落ちていたら、その席の受講者にこんなふうに尋ねます。

「そこのあなた。あなたの足下にクリップが落ちていますが、気づいていましたか？」

この問いかけに、「気づかなかった」と答えれば、他者から提供された教室や机や椅子をつかっておいて、また、クリップやホッチキスやポストイットをつかっておいて、自分がちゃんと後始末ができているかどうかがなぜ気にならないのか、と言って気づきをうながします。

あるいは「気づいていた」と答えたなら、あなたは職場でもいつもそうなのか。職場がゴミで散らかっていても、「そのうち、部下が掃除してくれるだろう」とでも思っているのか、と言って上司としての姿勢を問います。

そして、あなたは誰も見ていないだろう、気にしていないだろう、と思っていることでも、周りは、とくに部下はしっかりと上司の行動を見ているという現実を理解してもらうことにしています。

たとえばこんな話です。あなたが自販機のコーヒーを買うために、毎日何時ごろに席を外し、昼食は12時を過ぎて何分くらいで席を立ち、いつもどんなメンバーを誘って昼食に出かけているかを、また、1日に何回くらい私用らしき用件でスマホを操作しているかを、1日に何度喫煙所にいくかを、あなたの周りにいる部下は詳細に知っているのだ、と。

これを話すと多くの受講者はドキッとします。なぜなら多かれ少なかれ、彼らには思い当たる節があるからです。

このように、誰も自分に関心を寄せていない、注意を払っていない、と思っていても、狭い職場のなかにはいくつもの目があり、監視カメラのようにあなたの行動や仕事への姿勢を観察しているのです。そしてこれらの目があなたの「評判」をしだいに形成していくことになります。

たとえば、先ほどの例のように、床にゼムクリップが落ちていたら、自分から拾いにいくのか否か。シュレッダーのクズが満杯になってストップしたら、クズの山を押し潰して自分の分だけ処分して素知らぬ顔をするのか。それともつぎの人のことを考えて、クズ袋を引っ張り出し、新しいクズ袋に架け替え、これをやると必ず散乱する細かい切りクズを掃除し、満タンになったクズ袋を所定の場所まで捨てにいくことができる人なのか。

このように自分の担当ではなくても、自ら実行したり、頼まれれば積極的に引き受けるような人は、会議においても組織のために積極的に発言したり、提案したりといった行動もできているはずです。

これとは逆に、自分の損得しか考えない人は、シュレッダーの袋替えをするようなことはもちろんないでしょうし、自分の仕事の境界線を自分で勝手に決め、それを越えるような仕事は引き受けようとしない。会議に出ても意見を出して物議を醸すくらいなら黙っていようとするでしょう。

神は細部に宿るといいますが、評判も細部からつくられるのです。こうした細かいことの積み重ねが、やがては一事が万事、あとは推して知るべし、というその人の「評判」として形成されるのです。

このように時間をかけて「よい評判」が積み上がれば、やがては大きく、責任のある仕事も任されるようになっていくでしょう。そのときこそ、あなたの真価が問われる最大のチャンスです。会社をスポンサーにつけ、悔が残らないよう、あなたの強みを最大限に発揮すればよいのです。

このように、大きく、責任のある仕事を任されるようになるには時間がかかるものです。だからこそ、就いた仕事をすぐに投げ出さないことです。やりがいのある仕事がないとか、成長を感じる仕事をやらせてもらえないということがあったとしても、それはまだあなたの「評判」がそうした仕事を任せてもらえるレベルに達していないだけなのかもしれないのですから。

## 「仮説」と「検証」は生涯つづく

私は1つの会社を定年退職まで勤め上げました。工場でつくる製品の品質向上がはじめて担当した仕事で、研究職になってからは気体放電の研究、半導体チップの開発、そして事業部門に移り、LED照明の開発、新事業企画、最後に社員の教育研修をやらせてもらいました。1つの会社にいた間だけでも技術職として4つの分野を経験し、さらに企画職、そして人事職、と6つも仕事の内容が変わっています。いろいろな会社を渡り歩くのではなく、たった1つの会社にいただけでも、私の仕事はこれだけ移り変わっていたのです。

また、会社を離れてからは、大学の非常勤講師にビジネス研修の講師、大学での就職アドバイザー、大学教員への研究助成金獲得コンサルタントといった複数の肩書をかかえ、マルチワークに励んでいます。そしていまでは、これらのいずれもが、私にとっては天職であると、いまでは納得して勤しんでいるのです。

大学の非常勤講師になるには博士の学位が求められますが、幸い私は半導体の研究で学位を取得していました。実を言うと、半導体は会社でそれをやることになるまで、私にとってはまったくの専門外の分野だったのです。そんな素人の私を当時の研究所の所長が半導体のプロジェクトに見習いとして放り込んでくれたのです。それは、かつて私が研究部門の責任者に直談判して参画させてもらった気体放電のプロジェクトが失敗に終わり、解散となったときのことでした。このときすでに、入社10年が過ぎていました。こうして半導体の研究をはじめたのですが、恥ずかしながら、このときはまだ半導体に電気が流れるしくみすらよくわかっていなかったのです。それでもそこから1つひとつ勉強をはじめ、特徴のある研究を意識して進めていきました。その結果、書いた論文がつぎつぎと学術誌に採択されるという幸運にも恵まれました。いま大学講師の職があるのはこのときの研究の積み上げのおかげです。

いま、こうしてビジネス研修の講師や大学生の就職アドバイザーとして人材育成に取り組んでいるのも、定年を前にした数年間、社員研修にかかわってきた経験があるからです。この社員研修を担当することになったのも、実を言えば、役職定年制によって開発部門の責任者を事実上お払い箱になったからでした。これまでの組織責任者としての経験をぜひ活かしてほしいという体のよい動機づけだけで、まったく畑ちがいの社員研修所へ送り込まれたのです。役職定年後は研究部門のアドバイザー的な立場を望んでいただけに、このときは正直、モチベーションが下がりました。それでも自分なりに特徴のある研修を提供しようと気持ちを立て直し、後進の育成に没入することで、この無念な思いを忘れてしまうことにしたのです。この気持ちの切り替えがキャリアコンサルタントへの道につながり、いまではマルチワーカーとして文系・理系の垣根を越え、社会とかかわりつづけることができているのだと思っています。

いま、コロナ禍によって世の中の働き方に大きく舵が切られようとしています。それがどこに向かうのかは予断を許しません。が、あと10年もすれば、その風景はまったくちがっているはずです。そして私が健康であれば、まだそのころも働きつづけているでしょう。でもおそらく、やっている仕事はいまのままというわけにはいかないと思っています。なぜなら、テクノロジーの進化を避けて仕事をつづけることは、もはや不可能な世界だからです。

テクノロジーの進化は既存の仕事をどんどん浸食していきます。自分の仕事が新たなテクノロジーに飲み込まれていくとき、ビジネスパーソンとして生存していける確率は、つぎの仕事の選択肢、つまり「やりたいこと」の仮説をどれだけもっているかで決まるのです。そしてテクノロジーの進化に終わりがないなら、「やりたいこと」の仮説の検証にも終わりはないのです。

# 第8章　「仮説」と「検証」は生涯つづく

## どうにもならない、をどうにかするマインドセット

私が会社を離れてからどういう仕事をしていくかは、当然自分で決めてきました。しかし、会社にいる間に学位取得につながった半導体の仕事や、キャリアの仕事にかかわるきっかけとなった社員研修の仕事は、自分の意思とはまったく関係なく、会社の異動命令によってはじめたものです。

その一方で、私が会社にいる間に、自分の意思で選び、挑戦した唯一の仕事は、研究部門の責任者に直談判してまで手にした気体放電のプロジェクトでした。が、このプロジェクトは5年で失敗に終わっています。

このように、自ら選択した仕事は早ばやと潰えたのに対し、どうにもならずにはじめた半導体の仕事や、役職定年を前にどうにもならずに担当させられた社員研修の仕事が、いまでは会社を離れ、自由にマルチワーカーをやっている私の市場価値を支えてくれているのです。この一連の経験は、人生における選択について、様ざまな示唆を与えてくれます。

たとえば、どうにもならない経験に意味はあるのかといった問いや、若い頃はまったく想像すらしていなかった仕事を、定年後にこうしてやっているという現実は偶然の結果なの

か、それともなにか見えない運命に操られての必然の結果なのか、といった問いに対してです。

自らの意思で選択し、挑戦した結果、失敗することはよくあることです。そして**失敗した過去はどうにもなりません。**

その一方で、自分の力ではどうにもならない状況でも、そこからどうにかしていく方法は少なくとも1つはあると思っています。それは**外的にはどんな状況であろうとも、自分の内面ならどうにかできる**ということです。

企業からの内定や職場への配属、上司や同僚との関係、そして仕事の担当など、自分の意思や力だけではどうにもできないことはいくらでもあります。そんな外的にはどうにもならない状況に置かれても、自分の内面ならある程度コントロールはできるものです。そのコツは、自分の内なる声にしたがって「自分らしい」行動を起こすことにある、と私は思っています。

たとえば希望の配属でなかったり、不本意な仕事の担当になったりすると、これでは目標をもてないとか、情熱をもてない、と思ってしまうかもしれません。では、意を得た仕事なら明確な目標や仕事への情熱をもって、フルスロットルで仕事に取り組めるかといえば、これも必ずしもそうともいえないのです。仕事の目標は、組織のなかで様ざまなことに取り組んでいくうちに、自分の立ち位置や役割を理解しながら、自分なりにつくり出していくものだからです。

意欲や情熱も、その仕事がただ好きだからとか、得意だからというよりも、その仕事にかかわる人びととの協力関係や信頼関係のなかから生まれてくることのほうが多いものです。**自分の仕事をほんとうに好きになれるのは、その成果を周りから認められ、あなたが周りから信頼されるという実感をもてたとき**ではないでしょうか。

目標も意欲も情熱も、行動によってつくられるのです。どうにもならない状況でも、自分の内面をコントロールし、どうにかしてみようという内なる声にしたがって「自分らしい」行動を起こすことが、目標や意欲、情熱をつくり出すことにつながります。どんな状況でも、そこでひた向きに努力し、仕事の経験を積んでいけば、「自分らしさ」と仕事での経験との重なりが広がるのだと信じるのです。**自分の未来は自分で開いていく**ものなのですから。

# おわりに

私がこの本を書こうと思ったのは、就活中の学生のみなさんが「やりたいことがわからない」という自分の心の声をおし殺し、やりたいことや志望動機を懸命に絞り出して言葉にしようとするけなげな姿をたくさん見てきたからです。

そういう学生のみなさんはむしろ賢いがために、志望企業の求める人材像から逆算し、自分の強みや特徴を言おうとする傾向があります。これはある意味自分の虚像なのですが、自らの虚像に同化しようとするあまり、本来の自分らしさを伝えることの重要性に気づかぬまま、選考を迎えてしまいがちになるのです。

そんな虚像の自分を無意識のうちに演じる違和感に疲れ果てている学生のみなさんに、「やりたいことがわからなくてもＯＫ」、「頑張った経験がなくてもＯＫ」、それでも「エントリーシートは書ける」し、「就職だってできる！」と伝えたかったのです。そして私が就活相談で実践してきたこの考え方を、より多くの学生のみなさんに知っていただきたいと強く願ってもいるのです。

「やりたいこと」を決めないと志望動機が言えないということはないし、海外留学や海外ボランティアに参加するようなレアな経験がないと、他人とちがったエピソードは言えない、なんてことはただの思い過ごしにすぎないのです。

学生のみなさん1人ひとりが、一貫した「自分らしさ」に気づくことさえできれば、それをアピールすればいいいし、それを活かせる仕事をやりたいと言えばいいだけなのです。そして、自分は社会に出て大きく伸びるポテンシャルがあることを、自分の小さな成長体験のなかに見出して証明すればいい。

この本で私がどうしても伝えたかったメッセージはこれだけです。

学生のみなさんは、学生の本分である勉学や研究、そしてクラブ活動やサークル活動、アルバイトやボランティア活動など、就活よりもっと楽しく、おもしろくて、熱中できることで多忙な毎日を送っていることと思います。

就活はたしかに気の進まない、鬱陶しく悩ましい課題です。しかし、これは学生からビジネスパーソンに脱皮するために避けてはとおれないプロセスです。このプロセスをのり越えてビジネスパーソンに脱皮できれば、学生生活よりもっと楽しく、おもしろくて、熱中できる仕事が待っているかもしれません。それを見出すために、待ち受けている仕事をとりあえず「やりたいこと」の仮説として受けとめ、選択肢の1つとして検証していってほしいのです。その結果、自分の内面の変化や反応が鈍ければ、別の選択肢の検証に移ればよい。私は、この仮説思考が、天職に近づいていく唯一の科学的かつ合理的な戦略だと信じています。そして、仮説を検証していくのは、学生のみなさん1人ひとりです。

天職というと、それは神から授けられたただ1つのもののような響きがありますが、そうとは限りません。事実、複数の分野の仕事を掛けもちで活躍している人は世の中にいくらでもいます。「やりたいこと」をとりあえずの仮説として検証していくという仮説思考の基本戦略にしたがうなら、天職はいくらでもつくり出すことができるのです。この本を手に取ってくださったみなさん1人ひとりが、仮説のつくり方とその検証方法を武器に無事就活をのりきり、自ら天職をつくり出していく道の入り口に立てることを願ってやみません。

２０２１年5月
しまだ やすひろ

## ▶著者プロフィール

### しまだ やすひろ（嶋田 恭博）

福岡県生れ。電気通信大学物理工学科卒業（1982年）。京都大学より博士（工学）の学位を取得（2003年）。大手電機メーカーにて開発部門の責任者を歴任。この間、技術系の新卒採用ならびに中途採用の面談員も兼務する。同社の幹部社員育成研修を手がけたのち教育コンサルタントとして独立。企業の社員研修、大学研究者の科研費申請コンサルティングを請け負うほか、複数の大学でキャリアアドバイザーも務める。2020年より摂南大学理工学部、2021年より京都橘大学にて非常勤講師を兼任。著書に『FeRAM技術の基礎と課題』EDリサーチ社（2002年）、翻訳書にD.シュロッダー著『半導体材料・デバイスの評価 — パラメータ測定と解析評価の実際 —』シー・エム・シー出版（2012年）がある。

## 「とりあえず」就職するための本

2021年6月28日　第1刷発行

著　者　しまだ やすひろ
発行者　日本橋出版
〒103-0023　東京都中央区日本橋本町2-3-15
共同ビル新本町5階
電話：03-6273-2638
URL：https://nihonbashi-pub.co.jp/
発売元　星雲社（共同出版社・流通責任出版社）
〒112-0005　東京都文京区水道1-3-30
電話：03-3868-3275

ISBN：978-4-434-28837-1　C0037
定価はカバーに表示してあります。